《评估指南》背景下幼儿园保育教育

园本教研

主编◎徐曼丽　陈晓鹭　韩　志

中国出版集团有限公司

世界图书出版公司
北京　广州　上海　西安

序

学前教育工作是一项奠基工程，也是一项未来工程。办好学前教育，关系亿万儿童健康成长，关系社会和谐稳定，关系党和国家事业未来。

党的十九大提出，要在"幼有所育""幼有优育"上不断取得新进展，习近平总书记就学前教育改革发展多次作出重要批示。我国已经进入高质量发展阶段，党的十九届五中全会从国家层面提出了建设高质量教育体系的要求。由此，学前教育已真正成为高质量教育体系的有机组成部分。

"十四五"是学前教育从高速增长向高质量发展转型的关键期，即从公益普惠向优质发展。为此，我们应根据高质量的要求，深入思考学前教育改革和发展中关于"培养什么人、怎样培养人、为谁培养人"的根本问题。2022年2月，教育部印发《幼儿园保育教育质量评估指南》（以下简称《评估指南》）指出，坚持社会主义办园方向，践行立德树人的使命，树立科学评价导向，推动构建科学保教体系，整体提升幼儿园办学水平和保教质量。《评估指南》首次将"品德启蒙"列入幼儿园"办园方向"关键指标，幼儿品德启蒙教育的重要性愈加凸显。

幼儿教育除了文化启蒙，更重要的是良好品德的培养，对于幼儿个体成长与发展具有重要的奠基作用。

《评估指南》颁布两年以来，各地纷纷响应，践行文件精神。但是很多幼儿园依然无法理解和参透《评估指南》的精髓，无法真正落实其精神，不知如何在保育教育中践行。在现实执行过程中文件是文件，保教过程是保教过程，两者出现了剥离，前者成了用来学习的理论，并没有很好地引导后者质量的提高。

怎样在两者之间架起联系的桥梁，让文件的精神落实在保教过程中，更契合一线工作者的需求呢？

本书立足幼儿品德启蒙教育探索与研究，以习近平新时代中国特色社会主义思想为引领，贯彻《新时代幼儿园教师职业行为十项准则》和《评估指南》，从《评估指南》中提取品德教育、保育工作、运动健康、安全工作、一日生活、幼小衔接、师幼互动、家园共育、环境创设、园本教研十个核心方面，分别进行阐述，其内容全面，涉及幼儿园工作的各个方面；每册目标鲜明、主题突出、论述亲切、可读，案例选材经典、主题深入、分析精练，有利于教师灵活使用。

为了增强可读性、时效性和操作性，图书中的案例作者以幼儿园一线教师为主，事件是发生在实际生活中的，建议是基于成功经验的总结和提升的，他们能够以理论为工具，对教育行为和实践进行对照分析，每个案例的说明，都以落实《评估指南》为目标，能尽快提高师德素养与保教能力，也有助于幼儿家长等社会人士了解幼儿品德启蒙教育的相关知识与技巧。

希望本书能够引起广大教师的共鸣，为幼儿品德启蒙教育实践提供借鉴与指导。让《评估指南》不再是文字要求，而是行为自觉。

希望这本书能给幼教工作者们以启发，也希望对幼儿园品德课程改革起到引领、启迪和借鉴的作用。

杨雅清

前言

　　"园本教研"这一概念是在中小学校本教研的背景下提出来的，是对校本教研的借鉴和发展。2003 年年初，教育部正式提出在中小学探索和实施以校本为本的教研制度。2006 年 9 月，国家启动"以园为本教研制度建设"项目。现在，"园本教研"已成为幼儿园教研理论与实践中使用频率最高的名词之一，因此，我们有必要研究园本教研的理论与实践，进而推动幼儿园教研工作更加有效地进行。

　　幼儿园教研活动就是幼儿园教师将教研活动与其具体的保教工作紧密结合的一种有效方式，旨在提高幼儿园保教工作的效率，着力于解决幼儿园教师保教工作所面临的实际问题，进而提高其工作的胜任感和幸福感。

　　本书在回顾、梳理、总结、撰写的过程中，我们反复思考的问题是：如何做到"授人以渔"，真正实现教师的自主发展？这本书正是围绕园本教研，为支架教师专业成长而撰写。全书分为"理论篇"和"案例篇"两个部分，共六章。"理论篇"为第一、二章，"案例篇"为第三、四、五、六章。

在"理论篇"部分，我们从园本教研的目的和意义、园本教研与教师的专业发展、园本教研的组织与实施这三个维度展开讨论，较为系统地从理论层面阐述了园本教研的基本概况，尽可能做到深入浅出、易于理解，使幼儿园一线教师了解有关园本教研的较为系统的理论。

在"案例篇"部分，我们从园本教研的六种方式，基于集体教学、区域游戏、日常生活、家园共育四个角度的园本教研实践，结合典型案例进行了富有条理且翔实的描述与分析。由于篇幅有限，加上"授人以鱼，不如授人以渔"这一理念的引领，我们在每一个教育实践问题下仅选择了一个经典案例，意在说明该类型园本教研的特点与具体操作方式，希望能带给读者一定的方法指导。

通过多年经验的积累，幼儿园形成了教研活动体系，该体系涵盖情境式教研、游戏式教研、会场式教研、沙龙式教研、故事式教研、剧场式教研等多种类型的教研方式。这些方式的由来、特点等在本书的前面章节有所阐述，通过呈现具体且经典的活动案例，揭示每一种教研方式的实施路径与组成部分，为读者在开展教研实践活动时提供启示。我们在园本教研中探索与总结的每一种教研方式，既可以单独使用，也可以组合使用。

幼儿园教育科研是幼儿园内涵发展的必由之路。要做到有新意、有创意，充分以幼儿为本、以教师为本的园本教研并非易事。本书既是我们这一阶段的总结，亦将是我们团队新的起点，未来，我们继续践行教育承诺，坚守教育理想，深耕细作，研以致用，在教研中收获，在反思中成长！

目录

1

案例篇

第三章　基于集体教学的园本教研实例

第四章　基于区域游戏的园本教研实例

第五章　基于日常生活的园本教研实例

第六章　基于家园共育的园本教研实例

附录：评估量表

参考文献

微信扫码
● AI 教学助手
● 内容图谱
● 知识图卡
● 保育笔记

理论篇

第一章
园本教研概述

第一节 园本教研的目的和意义

一、园本教研的目的

园本教研，即基于幼儿园自身实际情况和特点的教学研究活动，是现代幼儿教育改革与发展的重要组成部分。它的核心概念在于以幼儿园为基地，以实践中的问题为导向，通过教师的自主学习和集体合作，提升教学质量，促进教师的专业成长，优化课程设计，从而实现幼儿教育的整体进步。

幼儿园普遍通过专家指导、教研培训和听课评课等方式开展教研活动。这种方法在某种程度上促进了理论成果的传播，然而它并不是决定幼儿园教研目标的关键因素。教研活动的核心目标应当是解决本园普遍或是典型性的问题，在解决问题的过程中，提高幼儿园的教育教学质量与促进教师专业成长与发展，这才构成了园本教研的真正价值导向。

（一）提高幼儿园的教育教学质量

园本教研更多地强调其在教育和教学中的具体改进方向，其旨在指导幼儿园在进行教育和教学革新与实践时能取得一定的进步，而并非简单地去寻求或验证教育和教学中的普适规律或优化某一教育教学理论。园本教研对教育教学的提升主要体现在聚焦实际问题、资源共享、持续改进教学实践等方面。

教育研究应与实际教学活动齐头并进，通过实际操作中的探究、研究实践和研究之间的相互推动，进一步深化和提高教育的质量水平。园本教研活动通常基于实际的教学场景，围绕幼儿园教育教学中的具体问题展开，教师们通过观察、分析、讨论实际教学案例，能够更加深刻地理解和掌握教育教学理论，并将其应用于实践中。同时，这种问题导向的方法能够确保教研活动直接针对教育实践中的难点和痛点，从而提高解决问题的效率。

除此之外，在园本教研的过程中，促进了教学资源的共享，如教学资料、教案、教学技术等。园本教研还鼓励所有教师共同参与，这种集体智慧的产生能够促进知识和经验的共享，教师们可以相互学习、相互启发，从而提高整体的教学水平。反馈和评价环节可以帮助教师及时了解自己的教学效果，发现问题并进行调整。另外，园本教研是一个持续的过程，它鼓励教师不断地反思和改进自己的教学方法和策略，这些都有助于教育教学质量的持续提升。

（二）促进教师专业成长与发展

在当今社会，教育的重要性日益凸显，对教师的专业化发展要求也越来越高。其中，幼儿教师群体展现出了高度的爱岗敬业精神和工作自觉性。然而，我们也不得不注意到，他们在职业发展规划方面的重视程度尚显不足。同时，按照《幼儿园教师专业标准》的要求，幼儿教师不仅应具备专业的素养和日常教学、保育的基本能力，还应努力成为幼儿教育专业的研究者。因此，幼儿园应当紧密结合自身实际，以园本教研为基础，积极组织各类实践活动，大胆创新，为教师的专业成长提供有力支持。同时，我们要鼓励教师积极评价自己，主动参与研修和培训活动，不断提升自身的专业水平，实现专业的高效发展。

传统的教研活动本质上是由园所管理层从上到下组织教师在教学研究中的局部参与，其核心目标通常是通过传授特定的理论和政策来协助教师更好地理解教育和教学的内在规律，而评价这一过程的关键指标则是教师是否成功完成了上级赋予的教研任务。这种园本教研在一定程度上限制了幼儿教育研究质量与效果的提高，不利于幼儿教师专业素养的养成和幼教事业持续健康快速发展。

开展扎实有效的园本教研是促进教师专业发展的主要途径，园本教研的核心理念是以一线教师为中心，"自下而上"地组织全体教师参与教育和教学研究活动。其主要目标是解决实际存在的教育和教学问题，优化幼儿园的教学实践，提供有效的解决方案，并最终形成一个系统化的成果方案。评估的标准包括教研活动是不是真正解决了现实中的问题，是不是真正推动了幼儿的身心健康和谐发展，以及是不是有效地提高了教师的专业能力。其重要目标是高度重视幼儿教师的专业发展，在活动中，应将幼儿教师的日常教学与研究工作紧密结合，通过专业引导、教师间的互相帮助以及自我反思等要素，推动幼儿教师的专业成长，为他们的职业发展奠定坚实基础。

二、园本教研的意义

（一）园本教研的优势

1.提高教学质量。园本教研以实际问题为出发点，有针对性地研究和解决教学中的难题，使教学内容和方式更加贴近幼儿的实际需求，从而提高教学质量。

2.促进教师成长。园本教研鼓励教师自主学习和集体研讨，使教师在解决问题的过程中不断积累经验，提升专业素养，实现个人职业发展。

3.优化课程设计。园本教研注重课程设计的科学性和实践性，通过教师们的集体智慧和努力，不断优化课程设计，使课程更加符合幼儿的发展需要。

（二）园本教研的实施策略

1.团队合作。建立教师学习小组，鼓励教师之间进行经验分享和问题讨论，形成积极向上的学习氛围。

2.现场观察。通过实地观察和记录幼儿的学习过程，发现教学中的问题，提出改进措施。

3.案例分析。选取典型的教学案例进行深入剖析，从中提炼出有效的教学方法和策略。

（三）园本教研面临的挑战及应对方法

1.教师观念转变困难

部分教师可能对新的教研理念和教学方式存在抵触心理，难以转变观念。对此，应通过组织培训、分享成功经验等方式，引导教师认识到园本教研的重要性，激发其参与教研的积极性。

2.教研资源不足

园本教研需要一定的资源支持，如教研资料、培训机会等。面对资源不足的情况，幼儿园应积极争取外部支持，如与高校、教研机构等建立合作关系，共享资源。同时，应鼓励教师发挥创造力，充分利用现有资源开展园本教研。

3.教研成果难以量化评估

园本教研的成果往往体现在教学质量的提升、教师的成长等方面，这些成果往往难以用具体的量化指标来衡量。为解决这一问题，应建立完善的评估机制，结合定性和定量的方法，全面评价园本教研的效果。同时，应注重过程评价，关注教师在教研过程中的表现和成长。

（四）园本教研的意义

1.园本教研有助于高效解决幼儿园保教工作问题

园本教研是幼儿园教师将学习、研究与工作实践真正结合起来的专业活动。通过学习，用先进的幼儿园教育理念指导对当前幼儿园保教工作中碰到的真实问题进行深入研究，做到保教实际工作与园本教研同步进行；通过园本教研，找出解决本园、本人保教工作问题的途径与方法；通过实践检验园本教研的成果是否适合保教工作的现实需要，从而较好地解决保教工作问题。

2. 园本教研有利于促进教师的专业发展

幼儿园教师参与园本教研的间接意义在于：在参与中教育自己，在参与中提高自己，在参与中促进自己的发展。其一，解决保教工作中的问题，教师不仅需要不断地学习有关的保教工作理论及其策略，还需要不断地思考与总结。其二，使幼儿园教师能够注意发现和分析保教工作中的各种问题，对原来的做法进行反思，并探索出解决问题的原则和方法，从而提高其对保教工作的研究能力。在园本教研过程中的研讨、总结、交流可以使教师开阔视野、增长见识。

3. 园本教研是团结教师、提升园所质量的有效途径

园本教研可以使幼儿园管理者与教师拥有一个共同的奋斗目标——共同研究和解决幼儿园保教工作中存在的问题，管理者与教师因此有更多共处、交往、交流的机会，容易使大家形成共同的兴趣和爱好，甚至形成共同的价值取向，这都有利于增进管理者和教师之间的感情，有利于增强幼儿园的凝聚力。

4.园本教研有利于提高教师工作的兴趣和热情

园本教研会使教师的工作变得充满挑战性和乐趣：只要去研究，就会发现幼儿园保教工作每天都有新的内容。幼儿是新的（包括幼儿的精神面貌、求知欲望、能力、行为、个性等），教学内容是新的、教学方法是新的、每天的收获也都是新的。让教师过一种有主题的生活，每天都有所追求、有所思考、有所进步，使教师真正把保教工作当作一项崇高的事业来追求。

5.园本教研能够增强教师职业的价值感和尊严感

园本教研会给教师的创造提供机会和可能。通过教研，教师发现问题并提出解决问题的新方法、新思路，这本身就是一种创造。通过教研进行创造并培养具有创造精神和能力的人，将提升教师的价值与尊严，也将最终提升教师的专业地位。

园本教研作为一种以幼儿园为基地、以实践中的问题为导向的教学研究活动，在实施过程中也会面临一些挑战和问题。因此，幼儿园应积极采取措施应对这些挑战和问题，确保园本教研的顺利进行。同时，应充分认识到园本教研的重要性和价值，将其作为推动现代教育发展的重要手段之一。只有这样，才能真正实现幼儿教育的整体进步和发展。

第二节　园本教研与教师专业发展

一、园本教研与教师的问题聚焦能力

幼儿园园本教研与教师的问题聚焦能力息息相关，二者密不可分。教师的问题聚焦能力在园本教研中起着至关重要的作用，同时这一能力的提升也离不开园本教研的开展。《评估指南》中指出："制定合理的教研制度并有效落实，教研工作聚焦解决保育教育实践中的困惑和问题，注重激发教师积极主动反思，提高教师实践能力，增强教师专业自信。"

（一）教师的问题聚焦能力

教师的问题聚焦能力是指教师在教研过程中，能够准确地识别、分析和解决教育教学实践中存在的问题的能力。这种能力对于提高教学质量、促进幼儿发展和解决实际问题非常重要。

1.提高幼儿园教师问题聚焦能力的方法

（1）观察与记录：教师在日常教育教学工作中应具备细致观察幼儿的行为、表现和情绪的能力，并及时记录下来。通过观察和记录，便于教师更好地发现问题。

（2）反思与分析：教师养成定期进行教学反思的习惯，通过思考教学过程中的亮点和不足，分析问题产生的原因和影响。

（3）专业学习：定期参加相关的培训和学习，提升教师对幼儿发展特点、教育教学理论等专业知识的了解，从而更准确地识别问题、解决问题。

（4）团队合作：在教师团队的交流和讨论中共同发现和解决问题。可以从不同角度分析问题，提高问题聚焦的准确性。

（5）数据运用：学会收集和分析与幼儿相关的数据，以便更客观地找出问题。利用幼儿评估数据、教学记录等信息，分析和识别问题的关键特征和影响因素。

（6）案例研究：进行案例分析和讨论，分享实际教学中的经验和解决策略，从而学习如何聚焦关键问题。

（7）家长工作：积极与家长沟通，了解他们对幼儿教育的看法和建议，从家长的角度发现可能存在的问题。

（8）持续实践：不断尝试新的教学方法和策略，找出解决问题的办法，从而提高问题聚焦和解决的能力。

例如，教师发现小班中部分幼儿在自我服务方面存在困难。通过观察、与其他教师讨论和分析相关数据，她聚焦于幼儿的来离园穿脱衣物的问题。于是，她设计了一系列穿脱、整理衣物的游戏活动，并与家长沟通合作，共同帮助幼儿提高自我服务能力。

2. 教师问题聚焦能力在园本教研中的重要性

（1）提高教研效果：准确聚焦问题，教师能够更有针对性地进行探究，提高教研的深度和效果。

（2）解决实际问题：问题聚焦帮助教师明确实际工作中的困难和挑战，研究解决方案，提升教学质量。

（3）促进专业成长：培养问题聚焦能力有助于教师提升专业素养，提高专业水平。

（4）增强团队合作：在团队教研中，教师的问题聚焦能力能够让团队成员共同关注关键问题，提高合作效率。

总之，教师问题聚焦能力的培养对于幼儿园园本教研的质量和效果具有重要意义。提高幼儿园教师的问题聚焦能力离不开持续的学习和实践，同时需要幼儿园提供支持和培养的环境。这样，教师可以提升自己的问题聚焦能力，更好地发现和解决幼儿教育中的实际问题，为幼儿的成长和发展提供更优质的教育，促进幼儿的全面发展。

（二）园本教研与教师的问题聚焦能力的关系

园本教研和教师的问题聚焦能力是相辅相成的关系。在园本教研中，教师需要具备强烈的问题意识，能够敏锐地识别发现幼儿园教育实践中存在的问题，提供园本教研的探讨问题，并对其进行深入分析和研究。同时，教师需要具备扎实的专业知识和丰富的实践经验，以便更好地理解和解决这些问题。通过园本教研的开展，教师也可以不断提升自己的问题聚焦能力，进而提高教学质量和促进幼儿的发展。

此外，教师在园本教研中还需要注重团队合作和交流。通过与其他教师的合作和交流，可以共同探讨问题、分享经验、相互学习，从而进一步提高问题聚焦能力和教研水平。

综上所述，幼儿园在重视园本教研开展的同时，要为教师提供必要的支持和保障，促进教师问题聚焦能力的提升和教育教学水平的提高。

二、园本教研与教师的主动反思能力

随着时代的发展，教师面临着新的挑战，这就要求教师不仅具有完善的知识结构，还必须具有基本的研究能力，它主要表现为对自己的教育实践和教育现象的反思能力。

教师的自我反思是开展园本教研的基础和前提，是教师专业发展和成长的核心要素。在园本教研中，引领教师不断地实践、反思、改进、再实践、再反思、再改进，提升教师的反思能力，促进教师的专业发展，是十分重要的。

两者之间的关系：

1.园本教研促进主动反思

通过参与园本教研活动，教师能够接触到新的教育理念和方法，激发他们对自己教学实践的思考和反思。

2. 主动反思提升教研质量

教师的主动反思能够帮助他们发现教学中的问题，及时调整教学策略，从而提高园本教研的针对性和实效性。

3. 相互促进

园本教研和主动反思能力相互影响、相互促进，共同推动教师的专业成长。

如何通过园本教研提升教师的主动反思能力？

1. 在课题和案例研究中，强化反思行为，提升教师反思能力

在园本教研中，引导教师对教育中的各种问题进行分析研究，确立研究问题，集体合作研究、剖析案例，强化和提升教师的反思行为，促进教师专业化水平的发展。

2. 在教学案例中，观摩研讨，在集体启发中提升自我反思能力

在园本教研中，我们以教育活动为载体，尝试一课多研、同课异构等研究方式，为教师间的互动，同伴间的合作，教育教学水平的提高构建了环境。

3. 在题例的研究中，要有效地把个人研究以及同伴互助有机结合

在研究中，把个人研究及同伴互助有机结合才能达到合作反思、整体优化的效果，教师的反思能力才能得到更好的强化，以至提升

教师反思能力。

4.在网络论坛、经验交流中，搭建反思平台，提炼反思成果

随着信息时代的到来，教育也步入了现代化领域。网络论坛为教师在工作中搭建平等沟通交流、反思研讨的平台。通过网络论坛，教师把自己的教学反思案例、体会、感想与同事分享、交流，然后一起研究讨论，针对反思中的每一个环节进行仔细点评。幼儿园还可以定期举行经验交流和总结会。在网络论坛、经验共享中，教师用自身的经验去理解、内化他人的经验，以他人的丰富经验完善自身经验，互相学习，共同成长。

在各种形式的经验交流活动中，教师们相互质疑、相互启迪，在思维的相互碰撞中，明晰事理，激活思维。重要的是，教师会把自己的体会付诸笔端，撰写反思札记，教学实录，个案杂记等，并根据这些材料总结出共性问题，提炼反思成果。

以园本教研为契机促进教师反思能力的发展，其主要表现为：

1.通过研讨活动促进教师正视教育困境的存在。其实每位老师在教育教学过程中都会遇到很多难以解决的困难，但碍于面子或其他原因并没有得到重视和解决。我们所建立的这种研讨机制为教师提供了倾诉、沟通和讨论的平台，使其能正视问题的存在。研讨中，经常听到教师这样的谈话："哦，原来你也遇到过这个问题，你是怎么做的？"

2.通过研讨活动促进教师在正视教育困境的基础上主动反思。研讨过程中我们发现，很多老师在问题提出后都会有感而发："如果我当时那么做，就会……"

3.通过实践活动促进教师经常反思，使教师的反思伴随教育教学活动的常规化而逐渐自动化，不断提高教育教学的质量。

4.通过专题反思和阶段总结，促使老师回忆自己的教育观念，教育行为并对其进行反思，从而促进教师对已有经验进行整理和系统化，促进教师专业发展。

在园本教研中，我们要把提升教师反思能力作为问题研究，要提高教师的反思意识，为教师创设良好的反思氛围，搭建反思平台，促使每位教师养成反思的习惯，提升教师的反思能力。总之，只有教师在教育教学工作中，不断反思、总结、提升，才能走进研究道路，做专家型的教师。

三、园本教研与教师的主动实践能力

（一）教师在园本教研中的角色和作用

园本教研以教师在课程实施过程中所面对的各种具体问题为研究对象，以教师为研究主体，以改善和提高园所管理及教育质量，促进园所与教师发展为目的的教育研究活动。

教师个人、教师集体、专业研究人员是园本研究的三个核心要素，构成了园本研究三位一体的关系。自我反思、同伴互助、专业

引领是园本教研的三要素。教师个人的自我反思、教师集体的同伴互助、专业研究人员的专业引领是开展园本研究和促进教师专业成长的三种基本力量，三足鼎立，缺一不可。

（二）当前教师主动实践能力存在的问题与挑战

首先，许多幼儿园教师在教学实践中缺乏自主性，往往被固有的教育模式和规章制度所束缚，难以发挥个人的创造性和主动性。

其次，一些教师忽视实践教育的重要性，过于注重理论知识的传授，导致幼儿缺乏实际操作和体验的机会。在幼儿管理方面，教师可以通过观察和分析幼儿的行为和表现来制定个性化的教育方案。这些都需要教师具备主动实践的能力和创新精神，而园本教研正是培养这种能力的重要途径。

最后，部分教师过度依赖传统的教学方法，缺乏创新和尝试新教学方法的动力和勇气。

（三）丰富活动，构建教研互动交流群体

为园本教研提供完善管理制度是园本教研的基本保障。如何构建一个有助于激发教师的主体性、积极性与创造性的群体？

幼儿园应建立以园长、教学园长为责任人的教研体制，形成教研网络层次管理、自上而下的教研制度、自下而上的"草根式"的研究氛围，运用多种教研策略，激发园所教师参与教研的热情，提高业务能力。

1. 教研活动设计与策略：提升教师主动实践能力的关键措施

为了提升教师的主动实践能力，我们需要精心设计教研活动，并采取一系列策略。首先，可以通过组织多样化的教研活动，如教学观摩、案例研究、课题研究等，激发教师的参与热情。其次，定期开展评估与反馈，让教师了解自己在实践中的不足和进步，从而调整和改进自己的教学方法。最后，鼓励集体反思，让教师在团队协作中相互学习、相互启发，共同提升实践能力。

2. 整合优质资源：支持教师自主探索和改进

为进一步提升教师的主动实践能力，我们需要整合优质资源，为教师提供自主探索和改进的支持。这包括提供丰富多样的培训资源，如专家讲座、在线课程等，帮助教师提升专业素养；同时，挖掘社会家庭资源，如家长志愿者、社区活动等，为教师的实践教学提供丰富的素材和场景。

3. 增强园所文化氛围：激发教师自发参与教研活动的动力

一个积极向上的园所文化氛围对于激发教师主动实践能力至关重要。我们可以通过多种方式营造这样的氛围，如定期举办教研活动分享会、设立教研成果展示墙等，让教师在交流和展示中感受到教研的乐趣和成就感。同时，注重合作分享与创新的园所文化也能促使教师更加积极地参与教研活动，共同推动教育教学的进步。

4.校外合作与交流：推动幼儿园整体水平及个人素质共同发展

除了内部的教研活动外，我们还可以加强与外界的合作与交流。例如，邀请专家进行指导、与其他园所进行交流参观等，以借鉴他人的成功经验和方法。这样的合作与交流不仅能够拓宽教师的视野和思路，还能激发教师主动学习和实践的热情，推动幼儿园整体水平和个人素质的共同发展。

综上所述，园本教研与教师主动实践能力之间存在着密切的联系。园本教研为教师提供了发现问题、解决问题的平台，而教师的主动实践能力则是实现教育目标的关键。通过加强园本教研和教师主动实践能力的培养，可以有效提高教育质量，促进幼儿的全面发展。因此，我们应充分认识到园本教研的重要性，并积极推动其在实践中的应用和发展。

四、园本教研与教师的专业自信能力

园本教研是教师自我提升、快速成长的重要方式。《评估指南》第45条明确提出，幼儿园应当"制定合理的教研制度并有效落实，教研工作聚焦解决保育教育实践中的困惑和问题，注重激发教师积极主动反思，提高教师实践能力，增强教师专业自信。"教师的专业自信能力是指教师在教育实践中对自己专业能力的自信程度。自信的教师能够更积极地面对教学挑战，更主动地寻求解决问题的方法，从而不断提升自己的教育教学水平。所以，切实有效地开展园本教研是提升教师专业自信能力的重要途径，也是发展高质量保教的必由之路。

（一）自我反思与调整，提升专业自信

"教而不言则浅，言而不教则空。"在园本教研的过程中，观摩教师们各抒己见，提出教学活动中存在的问题以及自己的困惑，并给出自己的建议，发现值得借鉴的闪光点。专家在最后的总结中为教师提供理论支持和提升策略。园本教研让教师们深入参与教育研究，通过实践和研究相结合的方式，发现自己的教学优点和不足之处，通过优化和改善的方式来获得更好的教学效果，从而更有针对性地提升自己的专业能力。

园本教研具有实践性和问题导向性，这就决定了教师能够直接面对和解决教育实践中的问题，认清自己的优势以及薄弱点，并有针对性的进行改进。通过"教研—反思—调整—再教研"的循环反复，教师们由原来的害怕教研到积极主动参与教研，从不敢发言到勇敢地表达自己的想法，解决了教研"形式主义"的现象，积累了丰富的实践经验，提高了教育教学水平，让教师在教研中认识自己，共思共研共长，激发教师的自我发展意识，进一步增强了教师的自信心。

（二）集体互助与合作，提升专业自信

《评估指南》中强调："幼儿园应建立常态化的自我评估机制，

促进教职工主动参与，通过集体诊断，反思自身教育行为，提出改进措施。"园本教研需要调动教师的自主性和协作性，为教师提供一种民主、愉悦的教研氛围，使教师们在研究过程中可以相互交流、相互支持，自由表达自己的见解，大胆提出自己的疑惑，这种氛围有助于增强教师的归属感和自信心。通过园本教研，引导教师将松散的经验进一步提炼，总结成为方法论，更新教育理念和教学策略，并对其他教师起到一定的辐射作用，让教师在不断体验成功和经验升级中增强专业自信，提高教学效能感，以获得持续发展的动力。

教师专业发展的过程是持续的、终身的。在学习与教研的交流中，教师之间互相倾听、讨论、共享教育教学成果，骨干教师在原有丰富经验的基础上不断进步、与时俱进，逐渐形成了自己稳定的教育风格，同时影响和带动了青年教师的专业成长，提升了青年教师的专业自信能力，为专家型教师队伍的建设奠定了良好基础。

（三）制度支持与引导，提升专业自信

教师专业能力的提高和幼儿园的高质量发展离不开正确制度的支持与引导，教研活动的主体是每一位教师。在园本教研中，采用小组合作的方式将全体教师们分成小班教研小组、语言领域学习小组、保育教师小组等学习小组，每个小组人数不宜过多并安排一个"小组带头人"，组织本组教师在日常生活中进行学习与研讨。组内教师有着相似的教学策略和共同的提升目标，他们会根据日常保育教育中出现的问题及时进行教研，提出自己的经验和见解，并进行具体、有针对性的提升。

园所每周选出固定的时间科学合理地进行集体教研活动，不占用教师们的休息时间。同时，将教研成果纳入评优评先的考察范围，更能激发教师的积极性和参与度，使园本教研有效服务于教师的需求，使教师能够全身心投入园本教研中，增强了教师的专业自信，进而提升了教研效果。

教师的专业自信能力也会反过来促进园本教研的开展。自信的教师更敢于尝试新的教学方法和策略，更乐于分享自己的教学经验和心得，从而丰富园本教研的内容和形式。此外，自信的教师还能够更好地引领和带动其他教师参与园本教研，形成良好的教研氛围和团队文化，推动幼教事业的高质量发展。

因此，园本教研与教师的专业自信能力相互促进、相互影响。幼儿园应该积极开展园本教研活动，为教师提供一个展示自我、提升能力的平台；同时，应该关注教师的专业发展需求，帮助教师提升专业自信能力，从而更好地推动幼儿园教育的不断创新和发展。

第二章
园本教研的组织与实施

第一节 如何制订教研计划

教研计划是教育过程中不可或缺的一部分，它的制订与执行对于提高教学质量、促进教育创新和发展有着至关重要的作用。通过制订明确的教研计划，教师可以更有针对性地进行教学，同时可以促进教师之间的交流与合作，推动幼儿园整体教育水平的提高。

一、幼儿园教研活动设计的原则

（一）目标定向性原则

幼儿园教研活动设计的目标定向性原则，是指幼儿园教研活动设计者在设计教研活动之前要明确本次教研活动要达成的目标，并且在设计和选择教研活动的各个环节、要素时都围绕如何更好地达成教研活动目标来进行。

（二）主体性原则

幼儿园教研活动的主体性原则，是指幼儿园教研活动的设计者在设计教研活动时，从教研问题的选择到教研活动过程的设计以及教研成果的推广运用，都要充分调动教师参与的积极性、能动性和创造性，努力让教研活动以符合参与者需要的方式来展开，要让每次教研活动都变成参与者的一种内在需要，让每位参与者的需要都得到适当的关照，让他们从被动的"你让我研究，我就研究"的状态转变为主动的"我要研究，我要提高专业素养"的状态。

（三）理论指导性原则

幼儿园教研活动要以相关的教育理论作为指导，让教研活动的过程和成果更加规范、科学、有效。有相关理论的指导，可让我们看清幼儿园保教工作和幼儿园教研活动发展的方向，将教研活动引向深入，进而采取更加有效的措施解决问题，提高保教工作质量。

二、幼儿园教研活动设计的程序与规范

教研活动的设计从确定教研问题开始，围绕如何更有效地解决问题来展开。幼儿园教研活动是从发现保教工作问题并将其中的问题确立为教研问题开始的，发现保教工作中的"真问题"是教研活动的起点，解决保教工作中的问题则是教研活动的归宿。

（一）幼儿园教研活动设计体例与模板

一份完整的幼儿园教研活动计划一般来说，主要包括教研案例名称、教研目的、教研内容、教研模式、教研准备、教研背景、教研过程等要素。（见下表）

教研案例名称	
教研时间	
教研目的	
教研内容	

教研模式	
教研准备	
教研背景	
教研过程	
教研反思	

对于上表，我们需要说明以下几点：

1. 教研案例名称：寻找来自教学实践中的困惑，名称具体明确，简单明了，可以有副标题。

2. 教研目的：结合问题发生的依据，围绕事情的展开，达到事情预期的发展效果。

3. 教研内容：叙述事情发展的过程。

4. 教研模式：情景式教研、会场式教研、沙龙式教研等。

5. 教研准备：教研活动准备、物质准备和环境准备、教师的经验准备等。

6. 教研背景：通过日常教学实践活动，发现教师对活动、理念、认知、实操等方面的问题，引出本次教研活动的目的。

7. 教研过程：它是教研活动计划的主体部分，主要阐明教研活动的步骤，具体的措施与做法。教研过程一般包括开始部分、基本部分、结束部分、教研反思等环节。

制订一份科学合理的教研计划，将有利于更好地设计出高效的教研活动过程，有利于更好地提高教研活动的效率。

（二）幼儿园教研活动计划的思维建构

在编写教研活动计划之前，我们应该先在头脑中对整个教研活动进行建构。经过头脑中的预先建构后再动手写，这样就会思路清晰、效率倍增。在头脑中对教研活动进行建构，一般按照以下步骤进行。

1.明确教研的名称和主题

寻找在教学活动中期望改进的 3～5 个问题，初步设想、认真思考：教学实践活动中的实际情况如何？有哪些需要改进的问题？如何解决这些问题？

2.围绕名称，细化分解问题

根据教研的主题，拆分教学活动中需要思考的 3～4 个问题，寻找解决问题的途径。

3.预期回答，反思讨论

预期回答，即预期教研活动问题中的反馈。一般有 3～5 条回答。

反思讨论：根据拆分的问题 1、2、3 及教师教研的回答，对下一次的教学活动进行方案预设及改进。

幼儿园教研计划是在日常教学实践活动中进行的，对问题的分析和教研计划的设计不可能一下子达到周密的程度，需要不断尝试和调整，逐步加深对问题的认识，积累解决问题的经验，提高研究水平。

（石家庄市第一幼儿园　毛柯心）

第二节　园本教研的内容与形式

　　本节从情景式教研、游戏式教研、会场式教研、沙龙式教研、故事式教研、剧场式教研这六个维度，深入剖析教研形式，全面阐述教研内容与具体开展方式，为读者提供深入浅出的教研理论解读与实践指引。论述时，针对每一种教研形式，均精心筛选极具代表性的真实案例。这些案例源自真实教研场景，生动呈现各类教研形式在实际运用中的具体流程、操作关键及显著成效，助力读者快速把握核心，紧密融合理论与实践，透彻领悟不同教研形式的精髓与应用技巧。

微信扫码

● AI 教学助手
● 内容图谱
● 知识图卡
● 保育笔记

1. 情景式教研

　　情景式教研是一种激发教师参与教研活动积极性和促使教师生成反思动机，以发展教师反思能力及培养教师反思习惯的教研形式。这种教研活动以"情景模拟"为主，在情景观察，情景分析和情景迁移的过程中，教师观察教学现象，分析幼儿言行，并进行策略调整，以提高自身解决教育教学问题的能力。

基于情景式教研的探讨
——以大班折纸活动"雪精灵"为例

视频二维码

▶ **教研时间**

××××年××月××日。

▶ **教研目的**

基于情景式的教研形式，围绕领域核心经验引导教师们不断思考，将视野从以教师为中心转向以幼儿为中心。

▶ **教研内容**

通过观摩大班折纸活动，教师们一起梳理了幼儿在折纸活动中的实施流程和图解步骤，不断创新情景式教研的新形式。

▶ **教研模式**

情景式教研。

▶ **教研准备**

1. 一名教师现场教学示范，其余教师记录、观摩。

2. 准备好的教研会场。

3. 老师对折纸基本符号、手法的基本理解与运用。

▶ 教研背景

此次教研活动以《3～6岁儿童学习与发展指南》(以下简称《指南》) 为引领，采用情景式教研的形式探讨大班幼儿的折纸价值、内容、目标以及教师指导方法，折纸中遇到的问题等。将折纸活动融入一日活动中，有计划、有目的地引导幼儿认识和学习折纸符号的运用及折纸方法。

▶ 教研过程

一、开始部分

主持人介绍本次教研主题及要求：今天教研活动的主题是大班折纸活动"雪精灵"，有请其他教师作为高级儿童参与其中。首先，观看教师的折纸活动，其次，围绕折纸术语、折纸检核表等内容进行思考交流，请大家在此过程中做好记录。

二、基本部分

（一）教学现场集体观课，授课教师自我反思

（二）引导教师们对折纸中常用的基本符号和折法进行讨论发言

预期回答：（1）基本符号有凹折线，指两边向内折；凸折线，指两边向外折；打开符号、翻转符号等；（2）其他还有箭头所指处吹气的吹气符号、向后折的反折符号、通过重复凹折或凸折，向内或向外连续卷折的卷折符号等；（3）基本折法有对边折、对角折、两边向中心折、四角向中心折等；（4）大班常用的有双三角折、双正方形折、双菱形折等。

（三）思考小、中、大班折纸的重难点

预期回答：（1）小班从学习对边折和对角折开始，注意折痕要明显，确保折的边平整；（2）中班幼儿尝试多种对齐的折叠方法，如四角向中心折、两边向中心折等，在此基础上，幼儿通过多步骤的组合可变化折叠出许多幼儿熟悉的物体；（3）大班幼儿的手眼协调能力有了明显的提高，折纸的重点主要在于双正方形、双三角形和双菱形，其中双菱形难度最大。

（四）观摩本次教学活动后的研讨互动

1.讨论：请结合自身教学经验，思考大班折纸检核表都应有哪些内容？

小结：汇总教师发言，梳理折纸检核表的基本内容：（1）是否按步骤折？是否关注到每一个符号？（2）检查在折纸过程中是否边对边？角对角？（3）折纸成品是否完整？有无缺损？（4）是否有创新？可以用画笔为成品加上小细节。

2. 分析讨论：任老师这次教学活动中运用了哪些折纸方法？这些方法的运用实现了折纸的哪些教学目标？

3. 分析讨论：说一说任老师本次教学活动中有哪些闪光点与不足，下次教学如何进步？

4. 反思讨论：在之后的教研过程中，情景式教研如何更有效地开展？

小结：（1）确定教研的主题和目标。主题应具有现实意义并有研究价值；（2）设计教研活动方案。确保方案具有可操作性和灵活性，以适应不同教学的需求；（3）创设多样化的教育场景。教师根据不同的教研主题，设计相应的场景；（4）整合多元化资源。不仅可以增强教研活动的趣味性，还能为幼儿提供更全面的学习体验；

（5）对教研成果进行总结和反思，并优化改进。总结梳理活动的亮点和不足，反思则可以深入挖掘问题的根源，并提出改进措施。

三、结束部分

教研总结：

1. 肯定教师们在教研活动中善于学习、善于研究、注重反思的教研精神。

2. 教研主题突出，研究方向明确，教学活动在巧设情境中精彩展开，教师们紧紧围绕教研主题，探究情景式教研的新形式。

▶ 教研反思

（一）本次教研活动的优点

1. 聚焦真实情景，收集折纸活动中出现的问题及困惑，紧扣教研主题，引发教师思考。

2. 针对上次教研中存在的问题及时给予解决。

3. 全体教师对于教学活动中的优点或不足，大胆表达了自己的想法，并提出了合理的建议，进一步增强了教师的自信心。

（二）本次教研活动存在的问题

1. 在创设教研情景过程中，形式日趋多样化，但教研形式较为单一。

2.教师接受的专业引领有所加强，但还有待进一步深化。

3.教师参与教研实践的能力逐步提高，但有效反思的能力还需要不断加强。

（石家庄市第一幼儿园　任格）

微信扫码

AI 教学助手

内容图谱

知识图卡

保育笔记

2. 游戏式教研

　　"游戏式教研"是一种将游戏元素和机制融入教学研究活动的方法。它通过游戏的形式，激发教师的参与热情，增强教研的趣味性和效果，具有趣味性和互动性、竞争与合作等特点。在设计和实施游戏式教研活动时，应确保游戏与教学目标的紧密结合，避免过度娱乐化而偏离教研的本质。同时，要根据教师的实际需求和反馈进行不断改进和优化，以达到最佳的教研效果。

当幼儿发生冲突时，教师是否引导并介入？如何掌握时机

视频二维码

▶ **教研时间**

××××年××月××日。

▶ **教研目的**

根据社会领域发展目标，并结合中班幼儿社会交往的行为表现，以此来判断教师是否介入，促进幼儿解决冲突能力的发展，形成良好的人际关系。

▶ **教研内容**

通过组织教师进行建构游戏，探讨幼儿是否具有自我解决冲突问题的能力与方法，同时引导教师思考是否介入以及介入的时机。

▶ **教研模式**

游戏式教研。

▶ **教研准备**

1. 教师现场进行游戏，其余教师记录、思考。

2. 提前创设游戏场地，准备积木材料，教师分成两组，明确游戏和教研的主题与任务。

3. 教师具有对社会领域核心经验的基本理解与实践经验。

▶ 教研背景

中班阶段是合作意识、人际关系敏感期，较为直观的就是幼儿游戏形式由平行游戏渐渐过渡到简单的合作游戏。但是，随着幼儿同伴交往的愿望、交往次数增加，冲突发生的次数也随之增加，教师需要解决幼儿与同伴的冲突。可是，由于老师的职业惯性，对中班幼儿社会性发展理解不够，导致很多冲突都是由教师解决，所以本次教研将对"幼儿发生冲突时，老师是否引导并介入？如何掌握时机？"进行探讨。

▶ 教研过程

一、开始部分

主持人介绍活动内容与要求：今天的教研活动主题是"幼儿发生冲突时，教师是否引导并介入？如何掌握时机？"请老师们现场进行角色扮演游戏，一部分教师扮演幼儿，模拟幼儿在游戏过程中发生冲突的情境；另一部分教师扮演指导教师。随后各小组的老师围绕中班幼儿社会领域的目标，结合自己的实践经验来分析思考，并做好记录。

二、基本部分

（一）一些老师们现场进行角色扮演的游戏，其余老师观察、思考、记录

（二）引导全体老师对中班幼儿社会领域目标进行讨论，之后各组分享

预期回答：《指南》文件中明确提出：幼儿社会性发展对幼儿身心健康和其他各方面的发展都具有重要影响。（1）会运用介绍自己、交换玩具等简单技巧加入同伴游戏；（2）对大家都喜欢的东西能轮流分享；（3）与同伴发生冲突时，能在他人帮助下和平解决；（4）活动时愿意接受同伴的意见和建议；（5）不欺负弱小。

（三）观摩老师游戏活动后的分组研讨互动

1.讨论：思考幼儿是否有自我解决冲突的能力。

小组讨论并发言：（1）皮亚杰的认知发展理论认为，幼儿在与他人进行社交互动的时候，经常会发生同伴冲突行为，同伴冲突行为是他们心理社会发展的必经阶段，有不可替代的正面价值；（2）中班阶段的幼儿，自身语言表达能力、问题沟通能力、自我意识都有了进步，幼儿自身的心智水平也得以有效发展，有了一定的解决与同伴之间矛盾的基础。

2.讨论：幼儿自我解决冲突的方法。

小组讨论并发言：（1）案例中的"幼儿"是因为区域游戏材料而引发的同伴之间的抢夺和争吵，整个过程以一名"幼儿"夺回自己玩具而结束，使得这场冲突"不了了之"。孩子们之间发生冲突后经常用的解决方式是：一方的退让或者不再追究；（2）用语言和肢体动作解决冲突。敏敏"小朋友"的玩具被抢后，边夺回自己的积木边说："为什么抢我的玩具？走开！"用动作和语言表达自己的不满，解决同伴冲突；（3）在经历小班一年的适应期后，中班幼儿已经习得了一些同伴相处的方法和经验，一旦发生冲突，一部分社会性发展较高的幼儿会采取协商、交换的方式，例如："让我玩一会儿吧。""和你换换。"

3. 各小组分析讨论：根据教师自己的实践经验说说幼儿发生冲突时，教师是否引导并介入？如何掌握时机？

（1）冲突强调的是互动双方的一种相互对抗状态，并不一定具有侵略目的，也不一定会损害人际关系，其冲突结果也有可能是积极的，促进双方各方面发展的。教师可以适当地给予中班幼儿独立解决同伴冲突的机会，所以当孩子们发生冲突时，如没有安全和伤害的现象，只是单纯的肢体和口角时，教师可以采取观察、观望的态度，不能被教师打扰和"裁断"。案例中的"小朋友"针对一块积木产生的抢夺的动作和语言，并没有上升到互相伤害层面，在这种状态下老师可以保持"沉默"，但要时刻关注。

（2）教师的介入并非只是单纯为了快速解决冲突，获得一时的平静，而是采取有利于幼儿身心健康和社会性发展的方式。当冲突一旦上升到孩子们产生激烈的情绪反应，以及相互伤害的行为时，老师采取必要的介入手段。案例中的"孩子们"由于是由成年人扮演，他们的冲突以一人抢回自己的玩具，一人去重新拿玩具而结束。现实中的孩子们有抢夺玩具到生气动手的情况。

4.反思讨论：如果发生冲突，请你预设并思考处理的步骤和方法。

当幼儿发生争执和口角以及简单的抢夺行为后，老师应保持观察，不必采取言语、动作的制止行为。

幼儿有激烈的情绪反应并伴随着对抗行为后，老师应马上进行判断，如若幼儿的行为不会导致受伤，老师可以继续关注，保持警惕。若幼儿的行为会导致一方或双方的受伤，老师可以这样做：（1）把两个纠缠在一起的孩子分开，然后安抚好各自的情绪。先倾听双方对于事情发生的经过和想法，也要倾听旁观的小朋友看到的事实；（2）之后用个别谈话的方式或者集体幼儿讨论的方式协商出"当自己的玩具被抢以及想要其他小朋友的玩具怎么做？"的解决办法；（3）最后以道歉的环节作为事件的结尾。

另外，当有一方幼儿向老师告知争执、冲突时，老师可以借鉴以上措施。

三、结束部分

教研总结：

1.老师们在活动中畅所欲言，大家集思广益，为问题的解决提供了新的思路。

2.解答了教师教育实践的困惑和难点，这对于促进教师的专业成长，解决教学中发现的问题具有重要的价值。

▶ 教研反思

（一）本次教研活动的优点

1. 教师共同分享经验，互相学习，彼此支持，促进教师的专业成长。

2. 教研方式灵活，教师们参与度和互动性较高。

（二）本次教研活动存在的问题

1. 教研活动开展不够充分，教师缺乏教研活动的落实。

2. 个别教师的教学能力和知识背景不足，应该提供适当的教研支持。

（石家庄市桥西区瑞特幼儿园　郭欣）

3.会场式教研

　　幼儿园的会场式教研模式是一种集体性的教学研究方式，通常在特定的场所（如会议室、多功能厅等）进行，重在解决理论问题。教师们聚集在一起，针对某个主题或问题进行深入探讨和研究，共同提升教育教学水平，促进教师的专业成长和团结合作。在实施过程中，可以根据幼儿园的具体情况和教师的需求，灵活安排教研内容和形式，确保教研活动的针对性和实效性。这种教研模式的一些特点常见实施方式有：主题研讨、专家讲座、小组讨论、案例分享、观摩教学、资料收集与分享以及总结与反馈。

如何在集体教研中运用会场式有效开展研究内容
——以编写教研案例为例

视频二维码

▶ **教研时间**

××××年××月××日。

▶ **教研目的**

结合教师现有书写案例的经验，研讨教研案例如何书写，完成各自的书写内容。

▶ **教研内容**

通过学习教研案例的书写流程及内容，引导教师讨论确定自己所写案例内容如何完成。

▶ **教研模式**

会场式教研。

▶ **教研准备**

1. 一名教师现场讲解案例书写，其余教师记录、学习。

2. 准备好的教研会场。

3. 教师对案例书写流程有一定的了解与书写经验。

▶ 教研背景

通过上一次教研案例书写的呈现，发现老师对教研案例的框架结构的分析不够透彻，出现了板块内容的缺失、书写体例不同的情况。比如少了"教研目的""教研背景"以及"教研过程"的书写不完整等问题。故本次教研将对如何书写科学、体例统一完整的教研案例进行探讨。

▶ 教研过程

一、开始部分

我们本次的教研活动主题是如何编写体例统一、内容完整的教研案例。首先，我们来看一下教研案例的范例《如何在教学活动中制定适宜的三维教学目标——以小班绘本阅读活动"小黄和小蓝"为例》，接下来，围绕教研案例的书写体例以及逐步分析各部分的内容指向来进行研讨交流，请大家在这个过程中积极发言，说出自己的想法并做好记录。

二、基本部分

（一）教研现场集体观看《评估指南》与教研案例范例等资料，教师进行初步讲解

（二）引导全体教师对案例书写的板块内容进行讨论

预期回答：（1）教研案例名称、教研内容、教研过程；（2）教

研目的；（3）教研总结、教研反思。

（三）讲解教师和会场内教师一起对教研案例的板块内容逐一进行梳理

预期回答：（1）完整浏览教研案例范例后，一起说出案例的板块内容由"教研案例名称、教研时间、教研目的、教研内容、教研模式、教研准备、教研过程"这几部分组成；（2）教研案例书写是需要体例完整统一的，改变的是具体的教研内容。逐一分析各板块的内容指向；（3）在具体的案例书写中，要查阅相关的材料辅助，"以写促学"，要根据自己的教研内容调整书写重点；（4）教研案例的书写要注意过程描述时应采用白描的手法，较为真实地还原现场情况。

（四）本次教研内容的研讨互动

1. 讨论：请结合以上教研案例范例的梳理，说说自己如何完成所写的案例。

小结：汇总教师发言，梳理教师各自的问题拆解。

（1）案例书写时要体例统一，板块内容完整；（2）根据自己书写的内容找出相应的具体内容填充到体例板块中；（3）确定教研模式，学习了解相应模式的相关资料；（4）拆解出"教研过程"中"基本部分"的几个问题。

2. 分析讨论：说一说所示范例的书写中运用了哪些教研模式？哪部分是难点？

3. 分析讨论：谈一谈通过范例的学习是否清晰自己所写教研案例该如何完成。

4. 反思讨论：思考自己所写教研案例，是否可以参考所示范例完成教研案例的书写？

小结：（1）先列出案例的每个板块，确保体例完整。（2）在板块完整的基础上，研究自己所写案例名称，确定教研目的、教研内容、教研背景以及教研模式。（3）在教研过程的基础部分需要拆分出几个教研问题，这也是书写过程中的重难点所在。（4）教研问题的拆分需要有层次梯度的变化，慢慢深入引发到本次教研的运用部分。

三、结束部分

教研总结：

1. 及时肯定在教研过程中积极参与发表自己观点的教师，总结记录教师们讨论总结出的经验以及现阶段存在的问题和困惑。

2. 围绕教师们的问题给出建议，请教师尝试后再次开展教研活动，二次解决问题。

教研反思

（一）本次教研活动的优点

1. 教研过程逻辑清晰，按步骤完成教研。

2. 能结合本阶段的教研计划进行，根据教师出现的问题困惑及时开展教研。

3. 全体教师积极参与教研，能表达自己的想法和困惑。

（二）本次教研活动存在的问题

1. 对研究问题的理解分析不够透彻，有些环节还存在疑惑。

2. 教研方式较为单一，讲解教师占用时间较多，不能听到每个教师的想法，需要再增加共同讨论时间。

3. 教研时间较为紧张，教师对教研内容的理解应用不够充分，应该进行二次教研。

（石家庄市第一幼儿园　江云鹤）

4. 沙龙式教研

"沙龙"这一形式起源于17世纪的法国，最开始在沙龙中谈论的话题主要与文化（如绘画、音乐、诗歌等）有关，参与者针对共同感兴趣的各种问题促膝长谈，从高谈阔论中汲取不同的智慧。但随着时间的推移，目前沙龙式活动的形式更严谨，目的性更突出，话题也更聚焦，这样更有利于活动目标的达成。同时为了使沙龙的研讨话题更有内涵，大家会在沙龙活动中邀请一些有分量的嘉宾，通过与嘉宾对话及嘉宾对话题的引导，拓展话题的深度，从而更好地提升参与者的思想高度。在教研活动中引入沙龙这一方式，能通过沙龙活动中的自由、平等氛围，让参与教师放松身心，敞开心扉投入活动，增加教师在教研活动中"说"的分量，更好地体现教研活动"研"的成分。

在幼儿集体舞游戏中如何有效实施师幼互动

▶ **教研时间**

××××年××月××日。

▶ **教研目的**

善于发现偶发的教育契机，能抓住活动中幼儿感兴趣或有意义的问题和情景，能识别幼儿以新的方式主动学习，及时给予有效支持。尊重并回应幼儿的想法与问题，通过开放性提问、推测、讨论等方式，支持和拓展每一个幼儿的学习，促进幼儿在原有水平上的发展。

▶ **教研内容**

通过观摩集体舞活动视频、照片，分享观察记录，引导教师讨论师幼互动的有效策略。

▶ **教研模式**

沙龙式教研。

▶ **教研准备**

1. 提前发布教研活动主题，请教师收集本班在主题活动集体舞游戏中的视频、记录。

2. 准备好教研活动场地所需要的电子设备并完成会场的布置。

3. 教师对《评估指南》中师幼互动关键指标的解读、艺术领域核心经验的基本理解与运用。

▶ 教研背景

集体舞是由许多儿童一起参加的，有一定队形和动作规定并可交换舞伴的一种舞蹈形式，有利于儿童交流和分享音乐感受。本次沙龙式教研活动，创造轻松愉悦的教研氛围。教师立足幼儿集体舞游戏活动基本结构要素，基于集体舞活动核心经验，引发幼儿游戏兴趣，研讨集体舞游戏中师幼互动有效策略，支持和拓展每一个幼儿的学习。

▶ 教研过程

一、开始部分

主持人："我们都知道今天的教研活动问题的焦点是'在幼儿集体舞游戏中如何有效实施师幼互动'？首先请各年龄组的教师依次播放集体舞游戏的视频、记录，接着，围绕活动中的师幼互动的方法、策略来进行研讨交流。"

二、基本部分

（一）主持人发言

主持人："刚才我们通过视频、记录分享，看到了小中大班幼儿在集体舞活动中的事例。在本次教研活动前，我们也发布了教研活动主题内容，并请大家收集和整理了自己在这方面的经验。今天，我们将以自由发言的形式，请大家来讲一讲各自在主题活动集体舞游戏中的师幼互动的方法和策略。"

（二）引导教研老师对小中大班不同幼儿集体舞游戏中的关键经验，围绕集体舞游戏活动前期准备的有效师幼互动策略进行讨论

预期回答：（1）支持观察幼儿自主选择游戏材料、同伴和玩法，支持幼儿参与一日生活中与自己有关的决策。（2）创设当下集体舞相关的环境，激发幼儿对集体舞游戏的兴趣和参与欲望。（3）借助区域游戏，促进幼儿集体舞游戏经验的交互和延续。

如小班梁老师以集体舞"虫儿飞"为例，幼儿在空间、音乐等游戏材料条件具备的情况下，会不由自主地随乐起舞。老师问："宝宝，你在干什么？"他会说："学小鸟飞。"面对这样的动作和语言，老师应该反映出：谁在飞？用什么动作飞？飞的过程中动作有变换吗？对应动作的规格、要领、运用路线、动作模型，还有对应位置移动与空间变化等相关师幼互动语的有效实施。

（三）引导教研老师对小中大班不同幼儿集体舞游戏中的关键经验，围绕集体舞游戏活动过程中的有效师幼互动策略进行讨论

预期回答：（1）认真观察幼儿在游戏活动中的行为表现并做必要记录，根据一段时间的持续观察，对幼儿的发展情况和需要做出

客观全面的分析，提供有针对性的支持。（2）依托游戏视频或游戏现场，从集体舞游戏活动基本结构要素，基于幼儿已有经验，实施、完善集体舞备课中预设的师幼互动策略和引导语。

例如：肖老师说在指向动作方面的互动策略及指导语研究中，教师可以从幼儿自主梳理动作模型、动作合乐性、动作替换与创编、一镜到底等角度进行游戏分享，梳理不同年龄班集体舞游戏中的师幼互动语。

再如：霍老师分享在指向音乐方面的互动策略及指导语研究中，教师可以从幼儿自主听准音乐前奏、间奏、尾奏、特殊音等角度进行游戏分享，梳理不同年龄班集体舞游戏中的师幼互动语。

又如：逯老师说在指向空间方面的互动策略及指导语研究中，教师可以从幼儿座位原地动作、站立空间移动、变换队形、单人或多人配合等角度进行游戏分享，梳理不同年龄班集体舞游戏中的师幼互动语。

小结：主持人汇总教师发言，针对幼儿集体舞游戏中有效实施师幼互动的策略梳理相关的方法和经验。（1）观察游戏中幼儿的种种表现，发现并准确分析幼儿在游戏中的已有经验，基于幼儿当下经验，引导幼儿感受音乐，用自己的方法自主表达音乐，自主律动，合作舞蹈，在逐步提升的过程中，习得自主舞蹈、更好舞蹈的方法。（2）立足集体舞蹈关键经验中的动作、音乐、空间、道具、合作、创编等，对应集体舞游戏基本结构要素（材料、规则、情境、可观察的外部行为表现和内部心理体验等）梳理出不同年龄组师幼互动语。（3）通过共看视频、共研问题、儿童教儿童互学游戏经验，幼儿迁移运用其他各领域有关经验，拓展、深化幼儿集体舞学习的感知、表现与创造，提升集体舞游戏中师幼互动有效性策略的运用实效。

三、结束部分

教研总结：

1.表扬教研前认真思考、过程中主动分享的教师，汇总教师们的优秀经验，收集本次教研活动过程中记录教师发言的视频、文字资料。

2.围绕教师们的问题和困惑制订教研计划，采取有效措施，助力教师在日常工作实践中更好地运用《评估指南》。

▶ 教研反思

（一）本次教研活动的优点

1.强化了教师对《评估指南》《指南》的理论学习，进一步厘清各阶段幼儿的年龄发展特点和集体舞游戏中的关键经验。

2.选择的研究问题来自目前主题教研活动中教师的困惑和难点。

3.选用了体现民主氛围的沙龙式教研方式，在畅所欲言的环境中，让每位教师主动而有准备地分享并呈现自己深刻的经验。

（二）本次教研活动存在的问题

1. 对研究类型化问题的关键经验仍然需要加强。

2. 忽略了对不同层次教研水平教师已有经验和实践经验的调动。

（石家庄市桥西区瑞特幼儿园　刘晓宁）

微信扫码
- AI 教学助手
- 内容图谱
- 知识图卡
- 保育笔记

5. 故事式教研

　　故事式教研，又称叙事研究或故事研究，是一种富有成效的教研活动方式，强调真实性、故事性和反思性。在轻松愉悦的活动氛围中，每位教师都成了故事的主角，他们将经验总结用故事的形式呈现出来。同时，对于参与的教师来说故事更通俗易懂，能根据自己的需求，把对自己有益的他人经验化为己用，在之后的教学实践中更加得心应手。由此，我们可以实现优质经验的共生共享，为教育的持续发展注入更多的活力和智慧。下面，我们将通过一个具体的教研案例来呈现故事式教研的魅力。

如何利用环境促进过渡环节有序、高效地开展
——以室内外过渡为例

视频二维码

教研时间

××××年××月××日。

教研目的

依据幼儿园环境的分类、特点，有效开展过渡环节，使幼儿身心健康发展。

教研内容

通过聆听"过渡环境有效使用"的故事，引导教师讨论进行过渡环节时环境如何应用。

教研模式

故事式教研。

教研准备

1. 将教研活动的内容提前告知教师，引导教师发现并总结自己在教学实践中的经验，形成在教研时所要讲述的故事。选拔本次教研活动的讲师，安排其讲述故事的顺序。

2. 布置教研活动现场。

3. 教师能组织室内外过渡环节。

▶ **教研背景**

在以往的教研中，研究重点往往是丰富过渡环节的形式与内容、过渡环节中幼儿的纠纷、体现幼儿的自主性等方面，对过渡环节与环境的关系研究相对较少，故本次教研将对如何利用环境有效开展过渡环节进行探讨。

▶▶ **教研过程**

一、开始部分

主持人介绍活动内容与要求：今天教研活动的主题是如何利用环境促进过渡环节有序、高效地开展。我们先按照故事讲述顺序，逐一邀请讲师为大家讲述"过渡环境有效使用"的故事，然后，围绕幼儿园环境的分类、室内外过渡环节中运用环境的不同方法来进行研讨交流，请大家在过程中做好记录和发言。

二、基本部分

（一）名师讲堂，经验分享

（二）组织全体教师针对所听故事"室内到室外的转换"，分享个人对于该故事的想法，并说出与该故事类似的过渡环节

预期回答：（1）在故事中，班级教师分散于班级门口、盥洗室门口及活动室内，大大提升了对幼儿的视线覆盖率；（2）在正门的教师负责组织幼儿排队，幼儿队列从门口排至活动室内部，在活动室内的教师进行协助，盥洗室门口的教师随时关注未排队幼儿的准备进度，他们分工合理、互相配合；（3）这与离园过渡有相似的地方，都是从室内转换到室外，可以借鉴故事中的教师结合环境的特点，来进行合理分工与空间位置设置。

（三）回顾以往教研活动中关于幼儿园环境的相关内容

预期回答：（1）幼儿园环境是指幼儿园内影响幼儿身心健康及保教质量的物质和精神要素的总和。根据性质划分，幼儿园环境可以分为物质环境和精神环境；（2）物质环境主要由园舍建筑、室内外空间布局、各种材料的选择与搭配、自然环境等有形的要素构成。在刚才的故事中，教师在进行过渡环节时，利用物质环境合理设置空间位置；（3）精神环境是一种隐性环境，也可以理解为一种气氛，如活动氛围、教师的教育观念与行为、幼儿人际关系（师生、同伴）等；（4）幼儿园环境具有安全舒适、丰富多彩、温馨和谐、教育性、

可控性等特点，这些特点共同为幼儿提供了一个良好的成长环境，我们要结合这些特点，在开展过渡环节时，不仅要考虑物质环境，还要想到精神环境。

（四）倾听故事后的研讨互动

1.讨论：请结合幼儿园环境的内容和自己开展过渡环节的经验，想一想有哪些利用环境的方法。

汇总教师发言，梳理方法：（1）营造舒适、温馨、安全的环境可以让幼儿感到放松，减少在过渡环节中的紧张和焦虑；（2）通过改变环境布置来提示幼儿即将进行的活动，如桌椅重新排列；（3）环境可以提供必要的资源和支持，帮助幼儿更好地进行过渡，如在转换中，教师可以提前准备好下一项活动所需的材料和资源，以便幼儿能够迅速进入新的活动。

2.分析讨论：分享的故事中，有哪些值得学习和需要改进的地方？

3.反思讨论：如果你是故事中的教师，你会采用什么方法来促进室内外过渡环节有序、高效开展？

小结：（1）在环境中，教师的科学站位，应保证所站位置尽可能看到所有幼儿，主班教师站在与下一环节衔接的主要位置；（2）有效利用标识引导幼儿自主完成过渡环节，如在室外向室内的转换中，教师可以利用地面的点或线，指引幼儿站队方向和调整幼儿间的距离，标识要清晰明了，颜色鲜亮，在环境中醒目；（3）环境中物品的摆放，应方便幼儿操作，同时不能影响其他幼儿活动，如在室内向室外的转换中，幼儿有时需要拿取衣物，按照幼儿的身高来安排柜子位置，能减少混乱和幼儿纠纷。

体现教师针对教研活动中所有的故事分享和讨论，总结出共同点，分析出不同点，归纳并形成思维导图，从不同的方面汇集教师的优秀经验。

三、结束部分

教研总结：

1.赞扬参加本次教研活动的教师，讲师分享的故事精彩，其他教师热情高涨，听得十分专注。

2.在借鉴优秀经验的同时，教师们之后也要归纳出自己的经验，将本班发生的故事与其他故事进行比较和反思，提炼共性，发掘特点，持续进步。

▶ 教研反思

（一）本次教研活动的优点

1.本次教研活动主题明确，内容充实，遵循故事式教研开展的步骤，有条不紊地进行。

2.教研内容聚焦当前教师日常教学中遇到的难点问题。

3.教师们发现并总结自己在室内外过渡环节中有效创设和利用环境的经验。

（二）本次教研活动存在的问题

1.一些个性问题未能在故事及讨论中获得具有针对性的解决方法。

2.教研活动的评估和反馈机制不够完善，教研活动的效果难以量化评估。

（石家庄市第一幼儿园　岳微微）

6.剧场式教研

剧场式教研是将整个区域视为舞台，强调活动中每位教师都有自身角色定位的教研方式。它以"微剧场教研"为载体，借助教研团队与教师个体的沉浸式活动体验，达成教研的实践与转化。此过程中，教师可在教育活动中理解幼儿的重要性，以及理解对幼儿健康发展的重要意义。

微信扫码
● AI 教学助手
● 内容图谱
● 知识图卡
● 保育笔记

在面对幼儿入园焦虑时，教师是否引导并介入？运用什么方法

视频二维码

▶ **教研时间**

××××年××月××日。

▶ **教研目的**

着重围绕安抚幼儿入园焦虑筹备"小剧场"模式，通过角色扮演，让幼儿逐步稳定情绪，学会自我调节，逐渐融入集体环境，为推动幼儿发展起到积极促进作用。

▶ **教研内容**

依据《指南》内容，围绕教师与幼儿沟通，教师需在强化幼儿适应能力上着力，积极构建幼儿适应的园内环境，采取有效活动模式，通过多元活动，以确保积极引导幼儿成长，安抚其焦虑情绪。

▶ **教研模式**

剧场式教研。

▶ **教研准备**

1.一些教师现场进行游戏，其余教师记录、思考。

2. 提前创设游戏场地，准备积木材料，教师分成两组。明确游戏和教研的主题与任务。

3. 教师具有对社会领域核心经验的基本理解与实践经验。

▶ 教研背景

幼儿入园焦虑普遍存在，既影响孩子情绪与心理健康，也给教师教育工作带来挑战。在日常教学中，常有孩子入园时表现出明显焦虑情绪，如哭闹、不愿离开家长、恐惧新环境等。此背景促使幼儿园开展剧场式教研，以更好满足幼儿教育需求，提高教育质量。

▶ 教研过程

一、开始部分

主持人介绍活动内容与要求：今日教研活动主题为幼儿入园焦虑，教师是否引导及如何把握介入时机。请教师现场进行角色扮演游戏，部分教师扮演幼儿，模拟游戏中发生冲突的情境，另一部分教师扮演指导教师。而后各小组教师围绕小班幼儿社会领域目标，结合自身实践经验分析思考并记录。

二、基本部分

（一）教师现场做角色扮演游戏，余者观察、思考并记录

（二）引导全体教师讨论小班幼儿社会领域目标后，各组分享

预期回答：依据《指南》，侧重教师与幼儿沟通，教师需在强化

幼儿适应力上用功，积极构建幼儿适应的园内环境，采用有效活动模式，建设多元活动，确保积极引导幼儿成长，安抚其焦虑情绪。（1）提前适应：带幼儿提前参观幼儿园，熟悉环境。（2）建立规律作息：帮助幼儿养成规律作息习惯。（3）分享幼儿园生活：以故事、游戏等让幼儿了解其有趣之处。（4）与教师沟通：使教师知道幼儿特点和需求。

（三）观摩剧场式活动后的分组研讨互动

1.讨论：互相分享各自的见解和学到的内容，促进教师对活动更深入的理解和思考。

小组讨论并发言：（1）分享各自处理幼儿入园焦虑的经验。陈鹤琴指出，幼儿入园焦虑是幼儿离开熟悉的环境和亲人，进入陌生的幼儿园环境时所产生的一种情绪反应。（2）缓解幼儿入园焦虑需要注意以下几点：①给予关爱和支持：让幼儿感受到教师的关心和爱护，建立亲密的师生关系。②创造良好环境：提供温馨、舒适、安全的幼儿园环境，帮助幼儿尽快适应。③渐进式适应：让幼儿逐步适应幼儿园的生活和规则，避免突然的转变。④激发兴趣：通过丰富多彩的活动和游戏，激发幼儿的兴趣和参与度。⑤家园合作：与家长密切合作，了解幼儿的个性和家庭情况，共同帮助幼儿度过焦虑期。

2. 讨论：幼儿自我调节焦虑的方法。

小组讨论并发言。

（1）表达感受：鼓励幼儿用语言表达自己的焦虑情绪。（2）带上安抚物：如毛绒玩具、喜欢的书、照片等，给予他们安全感。（3）找朋友：鼓励幼儿与其他小朋友交流互动。（4）画画：用画笔表达自己的情绪和想法。（5）角色扮演：模拟幼儿园的场景，增加熟悉感。

3.各小组分析讨论。

（1）分组安排：根据人数和主题进行合理分组。

（2）指定组长：负责组织和引导讨论。

（3）讨论主题：明确讨论的重点和问题。

（4）时间限制：设定适当的时间，确保讨论高效进行。

（5）汇总分享：每个小组选择代表进行总结和分享。

（6）提问与回应：鼓励其他小组提问和回应。

通过这种分组研讨互动，可以进一步深化参与者对剧场式活动的理解和体验，促进知识的交流和共享。

4.反思讨论：积极做好环境设计与材料准备工作。为安抚幼儿焦虑情绪，使之于"森林小剧场"获快乐体验，教师可在故事主线设动物小组织，让同组幼儿找"家庭组织"。于剧场情节设环节，如松鼠或熊熊父母送宝宝入园，创设不同场景，让幼儿依故事线在不同场景中活动。如此可使幼儿充分融入"森林小剧场"探索，在完成故事主线时安抚情绪。教师循环采用角色分配选择与故事设定，使小剧场定期变化，让幼儿快乐参与，有效缓解其入园焦虑，能主动参与园内活动，在剧场角色演绎中缓解入园焦虑，提升情绪调节能力。

三、结束部分

教研总结：

1.幼儿园剧场式教研为教师提供了一个富有创意和实效的学习平台，有助于提升教学质量和教师专业素养。

2.教学能力得到更好提升，教师掌握了如何引导幼儿参与活动、提升学习兴趣的方法。

▶ 教研反思

（一）本次教研活动的优点

1.深入体验：教师亲身参与剧场表演，深入理解教学内容，提升了教学体验。

2.团队协作：在排练和演出过程中，增强了教师之间的团队协作精神。

3.创新能力：激发了教师的创新能力，为教学活动提供了新思路和方法。

（二）本次教研活动存在的问题

1.对研究的问题缺乏深度思考，侧重表面呈现，可能忽略对问题的深入探讨。

2.难以全面展示问题，某些复杂的教学问题可能无法通过剧场式教研充分展现。

（石家庄市第一幼儿园　王军雅）

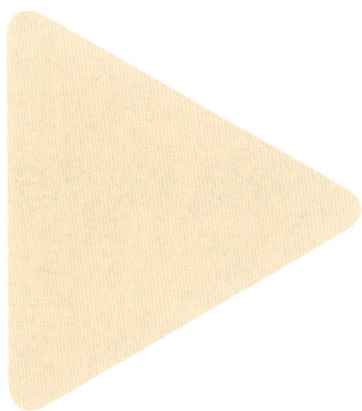

案例篇

第三章
基于集体教学的园本教研实例

如何在教学活动中制定适宜的三维教学目标
——以小班绘本阅读活动"小黄和小蓝"为例

▶ **教研时间**

×××× 年 ×× 月 ×× 日。

▶ **教研目的**

结合小班幼儿发展特点和语言领域发展目标，制定合理的三维活动目标，促进幼儿全面发展。

▶ **教研内容**

通过观摩小班绘本阅读活动，引导教师讨论目标制定的合理性。

▶ **教研模式**

情境式教研、会场式教研。

▶ **教研准备**

1. 一名教师现场教学示范，其余教师记录、观摩。

2. 准备好的教研会场。

3. 老师有对绘本文本解读、语言领域核心经验的基本理解与运用。

▶ **教研背景**

　　通过上一次观摩研讨张老师小班绘本阅读活动"小黄和小蓝"后，发现老师对语言活动核心价值的把握不够，绘本阅读活动对幼儿哪些方面有提高，老师对此分析不够透彻，出现了制定的目标偏离情况，故本次教研将对如何制定科学、适宜的三维教学目标进行探讨。

▶ **教研过程**

一、开始部分

　　主持人介绍活动内容与要求：今天的教研活动主题是如何在教学活动中制定适宜的三维教学目标。我们先来观摩张老师的小班绘本阅读活动"小黄和小蓝"，然后，围绕教学活动目标、教学过程中绘本解读的方法运用来进行研讨交流，请大家在过程中做好记录和发言。

二、基本部分

　　（一）教学现场集体观课，授课教师自我反思

　　（二）引导全体老师对小班幼儿语言领域目标进行讨论

　　预期回答：（1）主动要求成人讲故事、读图书；爱护图书，不乱撕、乱扔；（2）能听懂短小的儿歌或故事；（3）会看画面，能根据画面说出图中有什么，发生了什么事等；（4）能理解图书上的文

字是和画面对应的，是用来表达画面意义的。

（三）回顾上次教研活动关于三维目标的相关问题

预期回答：（1）三维目标是指教育教学过程中应该达到的三个目标维度，即知识与技能；过程与方法；情感态度与价值观；（2）三维目标是一个教学目标的三个方面，而不是三个独立的教学目标，它们是统一的不可分割的整体；（3）在教学中，既不能离开情感态度与价值观、过程与方法的知识与技能的学习，也不能离开知识与技能的情感态度与价值观、过程与方法的学习；（4）三维的课程目标应是一个整体，知识与技能、过程与方法、情感态度与价值观三个方面互相联系，在教学目标设计时需要整合三维目标。

（四）观摩本次教学活动后的研讨互动

1.讨论：请结合自己的教学实践，说说在绘本文本解读方面的方法和经验。

小结：汇总教师发言，梳理相关的绘本文本解读方法和经验。（1）绘本的图书结构与绘本的阅读顺序；（2）画面的颜色、形象、细节与内容的关联；画面内容与文字的关系；封面、封底、内文的呼应与关联；（3）师幼共读绘本；幼儿自主阅读绘本；幼儿小组阅读绘本；（4）声音读书法、色彩图书法、数字读书法等。

2.分析讨论：张老师这次教学活动在文本解读中运用了哪些方法？这些方法的运用实现了哪些维度的教学目标？

3. 分析讨论：说一说张老师本次活动中，在目标制定与阅读整合过程中，有哪些闪光点与不足。

4. 反思讨论：如果请你为绘本《小黄和小蓝》设计下一次活动，你会如何设计、书写三维教学目标？主要的教学步骤和方法会怎样预设？

小结：（1）要整合三维目标，先整体解读文本，再立足幼儿前期阅读经验，确定每一个维度的目标。（2）在师幼共同阅读、解读绘本的过程中，灵活运用看、讲、演、画等阅读方法，感受阅读图书的乐趣，注意选择最适宜的方法达成活动目标，在教学实施过程中，注重阅读活动核心经验的获得，不偏离阅读活动本身。（3）在三维目标的表述过程中，可以列两个目标，将情感态度目标融合在阅读能力和方法目标中；也可以列三个目标，三个维度分开表述。（4）目标表述主语可以是教师，但通常我们把教师两个字隐去，直接用"某某（动词）幼儿……"动宾从句，表述教师引导幼儿做的事情，发展的能力，培养的情感。

三、结束部分

教研总结：

1. 表扬教研过程中积极发言的教师，汇总教师们的优秀经验，搜集和分析教师们现阶段存在的问题和困惑。

2. 围绕教师们的问题和困惑制订教研计划，采取有效措施，助力教师在日常工作实践中更好地运用《指南》。

▶ 教研反思

（一）本次教研活动的优点

1. 能结合本学期的教研总体计划进行，有明确的教研目标和步骤。

2. 选择的研究问题来自前一次教研活动中教师的困惑和难点。

3. 全体教师在活动前充分挖掘了相关学习资源并进行了备课。

（二）本次教研活动存在的问题

1. 对研究问题的细化和分解仍然需要加强。

2. 忽略了对不同层次教研水平教师已有经验和实践经验的调动。

3. 教研方式比较单一，需要运用多种手段调动教师研讨的自主性。

（石家庄市桥西区瑞特幼儿园　梁卓）

微信扫码
- AI 教学助手
- 内容图谱
- 知识图卡
- 保育笔记

如何运用适宜的教学方法循序渐进教学过程
——以大班绘本阅读活动"菲菲生气了"为例

视频二维码

教研时间

××××年××月××日。

教研目的

结合大班幼儿发展特点和语言领域发展目标，围绕教学过程中大班绘本解读的教学方法研讨交流，促进幼儿全面发展。

教研内容

通过观摩大班绘本阅读活动，引导教师讨论如何运用适宜的教学方法让教学过程循序渐进。

教研模式

情境式教研、会场式教研。

教研准备

1. 一名教师现场教学示范，其余教师记录、观摩。

2. 准备好的教研会场。

3. 教师对绘本文本解读、语言领域核心经验及教学方法的基本理解与运用。

▶ **教研背景**

通过上一次观摩研讨大班李老师绘本阅读活动"菲菲生气了"后，发现绘本阅读活动对幼儿哪些方面有发展，老师对此分析不够透彻，出现了对如何运用适宜的教学方法产生了疑惑的情况，故本次教研将对如何运用适宜的教学方法让教学过程循序渐进进行探讨。

▶ **教研过程**

一、开始部分

主持人介绍活动内容与要求：今天的教研活动主题是如何运用适宜的教学方法让教学过程循序渐进。我们先来观摩大班李老师的绘本阅读活动"菲菲生气了"，然后，围绕教学活动目标、教学过程中绘本教学的方法运用来进行研讨交流，请大家在过程中做好记录和发言。

二、基本部分

（一）教学现场集体观课，授课教师自我反思

（二）引导全体老师对大班幼儿语言领域中的教学方法进行讨论

预期回答：（1）示范模仿法：教师通过自身的规范化语言，为儿童提供语言学习的样板，让儿童在良好的语言环境中模仿学习；（2）视听讲做结合法：教师指导幼儿通过观察对象、倾听讲解、主动表述、充分练习来进行语言学习；（3）游戏法：教师采用听说游戏的形式引导幼儿进行语言学习；（4）表演法：教师引导幼儿通过角色扮演练习对话，再现文学作品情节，促进幼儿对作品的理解能力及语言表达能力的发展；（5）练习法：教师根据活动所学内容引导幼儿重点练习某类词或某种句型，以此扩展幼儿的词汇量、发展其语法能力等。

（三）回顾教研活动中关于教学方法循序渐进教学过程的相关问题

预期回答：（1）幼儿语言学习与发展的核心是语言交往能力的提高，幼儿的语言能力是在交流和运用的过程中发展起来的；（2）在活动中感知理解讲述对象以观察为主，根据讲述类型的特点、具体活动要求引导感知理解；（3）在教学过程中，幼儿运用已有经验讲述，教师通过运用多种教学方法，迁移阅读经验；（4）结合《评估指南》中提出的：尊重并回应幼儿的想法与问题，通过开放性提问、推测、讨论等方式，支持和拓展每一个幼儿的学习。

（四）观摩本次教学活动后的研讨互动

1.讨论：请结合自己的教学实践，说说在绘本集体教学过程中提问和互动的方法。

小结：汇总教师发言，梳理相关绘本在集体教学过程中提问和互动的方法。（1）在互动性阅读中，观察性问题：在做什么？什么样子？什么表情？（2）判断性问题：什么心情？什么感受？在说什么？（3）预测性问题：接下来会说什么？会做什么？可能会遇到什么？（4）假设性问题：如果是你，你会怎么做？（5）批判性问题：你觉得这样做好吗？你觉得这样做的后果可能是什么？

2.分析讨论：李老师这次教学活动在文本解读中运用了哪些方法？

3.分析讨论：说一说李老师在本次活动中运用教学方法循序渐进教学过程中，有哪些闪光点与不足？

4.反思讨论：如果请你为绘本《菲菲生气了》设计一次教学活动，你会如何设计？教学步骤和方法如何，提问互动会怎样预设？

小结：（1）整合三维目标，整体解读文本，再立足幼儿前期阅读经验，确定每一个维度的目标。（2）在师幼共同阅读、解读绘本的过程中，灵活运用看、讲、演、画等阅读方法，感受阅读图书的乐趣，注意选择最适宜的方法达成活动目标，在教学实施过程中，注重阅读活动核心经验的获得，不偏离阅读活动本身。（3）在教学提问互动过程中，教师核对及了解幼儿的知识和理解能力，与已有经验联结，鼓励幼儿大胆预测。（4）将注意力集中在正文中特别的人、事、物上，鼓励幼儿去思考他们是如何知道某些事情，或他们是如何设法想出来的。

三、结束部分

教研总结：

1. 表扬教研过程中积极发言的教师，汇总教师们的优秀经验，搜集和分析教师们现阶段存在的问题和困惑。

2. 围绕教师们的问题和困惑制订教研计划，采取有效措施，助力教师在日常工作实践中更好地运用《指南》。

▶ **教研反思**

（一）本次教研活动的优点

1. 能结合本学期的教研总体计划进行，有明确的教研目标和步骤。

2. 选择的研究问题来自持续性教研活动中教师的困惑和难点。

3. 全体教师在教研活动前针对相关学习资源搜集准备并进行了备课。

（二）本次教研活动存在的问题

1. 对研究问题的细化和分解需要加强。

2. 缺乏对不同层次教研水平教师已有经验和实践经验的调动。

3. 教研方式较单一，需要运用多种手段调动教师研讨的自主性。

（石家庄市第一幼儿园　牛然）

如何运用有效提问促进教学活动中师幼有效互动

视频二维码

▶ **教研时间**

××××年××月××日。

▶ **教研目的**

结合幼儿语言发展的年龄特点，探讨、研究师幼互动有效提问的策略与方法，提高教师提问的质量和针对性。通过实践研究，验证有效提问在促进师幼互动、提升幼儿学习效果方面的积极作用。

▶ **教研内容**

以"主题操作活动分享"为例，引导教师讨论有效提问促进教学活动中师幼有效互动的策略与方法。

▶ **教研模式**

情境式教研、会场式教研。

▶ **教研准备**

1. 一名教师现场教学示范，其余教师记录、观摩。

2. 准备好的教研会场。

3. 老师有对操作活动中的通用语、语言领域核心经验的基本理解与运用。

▶ 教研背景

上一次观摩研讨小班主题"车展"操作分享活动中，我们发现教师的提问方式存在一些问题：教师的语言表述不够精准、有效，导致设定的目标与实际互动效果产生了偏离。本次教研活动主题为"探讨如何运用有效的提问策略，促进师幼有效互动"。旨在提升教学质量并促进幼儿的全面发展。

▶ 教研过程

一、开始部分

主持人介绍活动内容与要求：今天的教研活动主题是运用有效提问促进教学活动中师幼有效互动。我们首先来观摩冯老师的小班操作分享活动"车展"，然后，围绕教学活动目标、教学过程中教师的有效提问师幼互动语来进行研讨交流，请大家在过程中做好记录和发言。

二、基本部分

（一）教学现场集体观课，授课教师自我反思

（二）引导全体老师对教学活动中什么是有效提问进行讨论

预期回答：（1）提问应具有明确的目的性：明确的提问目的有助于教师更好地掌控教学节奏，引导幼儿积极参与。例如，在操作活动中，教师可以问："我们现在进行的主题是什么？或是我们今天的任务是什么？"（2）提问应具有层次性：教师应根据幼儿的认知水平和兴趣特点，设计不同层次的提问。例如，在操作活动中，教师可以问："你想用什么材料来做车轮，用什么材料来做车门呢？"根据幼儿回答，教师也可以进行进一步的追问："车轮除了用瓶盖来做，还可以用什么材料来做？谁有不同材料和不同的想法？可以用纸做吗？"等等。（3）提问应具有开放性：开放性的问题可以激发幼儿的想象力和创造力，促进他们主动思考。例如，在操作活动分享环节，教师可以这样问；"你们猜猜这是什么？你们从哪里看出来的？你猜对了吗？"（4）提问应具有互动性：教师在提问时，应注重与幼儿的互动，鼓励幼儿积极回答问题，同时要给予他们充分的思考时间。例如，在操作活动分享环节，教师可以这样问："他刚刚给大家介绍了他制作的什么呀？他讲清楚了制作的名称。他分享了自己制作的想法，他分享想法的时候先说的什么？（材料或者方法）他是怎么说的？"（如没听清，请小朋友再说一遍，请大家认真听）

（三）教师的有效提问在活动中都运用到了哪些教学方法

1.连续性的提问：教学活动中，师幼互动语的连续性提问是一种有效的教学策略，有助于激发幼儿好奇心，促进思考和语言表达能力发展。例如，在操作活动分享环节，教师可以这样问："听一听他分享的作品是什么？他先分享了什么？再分享了什么？最后分享了什么？"

2.有效的追问：师幼互动对教学成功至关重要。通过追问，可激发幼儿的探究欲，培养批判性思维和独立解决问题的能力。例如，在操作活动分享环节，教师可以这样问："他用了一种新方法，我们把它记录下来，这种方法可以做其他物品的哪里呢？或者其他什么东西？我们想想还有什么方法让材料变变变，变成不一样的物品呢？我们数一数现在用了几种方法？"

3.有效的反问：反问法可鼓励幼儿多角度、多层次思考，促进思维发展。反复提问和反问，帮助幼儿建立完整思维框架，提高逻辑思维和创造性思维能力。同时，培养自主学习和问题解决能力。

例如，在操作活动分享环节，教师可以这样问："请你仔细观察一下，你觉得你做的这个车和你见到的公交车是一模一样的吗？"

（四）回顾上次观摩本次教学活动后的研讨互动

1.讨论：请结合自己的教学实践，谈一谈教学活动中关于核心经验的师幼互动语是如何有效运用的。

小结：汇总教师发言，梳理相关师幼互动语有效提问的方法和经验。

（1）教师发现幼儿在制作车身的车轮时用到了瓶盖，瓶盖除了可以制作车身中的车轮，还可以制作车的哪个部分呢？谁有不同材料和不同的想法？可以用纸做吗？（2）教师发现幼儿在制作车身时有用塑料瓶的、有用纸盒的，还有其他的材料可以制作车身吗？谁有不同的材料和想法？（3）教师发现幼儿在制作车灯时，使用双面胶进行链接的，除了这种连接方式，还可以用其他的制作工具进行连接吗？谁有不同的连接方式？

2.分析讨论：冯老师这次教学活动中什么是有效提问？在有效

提问的师幼互动语中运用到了哪些教学方法？

3.分析讨论：说一说冯老师本次活动中，在有效提问的师幼互动语中，有哪些闪光点与不足？

4.反思讨论：如果请你为操作《车展》设计下一次活动，你会如何设计、书写教学活动中师幼互动的有效提问？主要的教学步骤和方法会怎样预设？

小结：（1）幼儿前期经验对主题活动内容进行实物观察、绘画有初步的掌握与了解，教师结合幼儿当下年龄段的发展水平制定教学目标。（2）根据幼儿制作的内容，教师在幼儿分享环节进行有效提问、追问、反问，不是单一的一种材料制作一种部件，而是会提升到一种材料制作多种部件，多种部件也可以用一种材料，包括制作车的衔接方法上。

三、结束部分

教研总结：

1.在教研活动中，对积极发言的教师予以表扬，并系统整理其优秀经验，同时，针对教师们现阶段面临的问题与困惑进行深入搜集与分析，旨在不断提升教学质量。

2.为应对教师在教育实践中所面临的挑战与困惑，我们将精心策划教研方案，并通过实施一系列切实有效的措施，以支持教师在其日常工作中更为高效、精准地运用《指南》。此举旨在提升教学质量，促进幼儿全面发展，并为教育事业的长远进步贡献力量。

▶ **教研反思**

（一）本次教研活动的优点

1.能结合本学期教研计划，明确目标和步骤。

2.选择的研究问题源于教师在前一次教研活动中所遇到的困惑与挑战。

3.全体教师积极备课，充分挖掘学习资源。

（二）本次教研活动存在的问题

1.对研究问题的细化和分解仍需加强。

2.忽略了对不同层次教师经验和实践的调动，未能充分利用不同教研水平教师的现有经验和实践知识。

3.教研方式单一，需运用多种手段激发教师研讨自主性。

（石家庄市第一幼儿园　冯寒）

如何在教学活动后进行有效的教学反思
——以小班体育活动"小动物摘果子"为例

视频二维码

▶ **教研时间**

××××年××月××日。

▶ **教研目的**

研究并探讨教师在教学活动后进行有效教学反思的方法和策略，指导教师更好地将教学反思运用到教学实践活动中，提升教师的专业素养。

▶ **教研内容**

通过观摩小班体育活动，引导教师掌握在教学活动后进行有效教学反思的策略。

▶ **教研模式**

情境式教研、会场式教研。

▶ **教研准备**

1. 一名教师现场教学示范，其余教师观摩并进行记录。

2. 准备好的教研会场。

3. 教师对小班幼儿年龄特点和动作发展情况有了解，对健康领域核心经验有基本理解与运用。

▶ **教研背景**

在观摩刘老师小班体育活动"小动物摘果子"的自我反思后，发现教师在教学反思过程中出现反思内容不够深刻具体，没有将教学目标和教学过程中的教学效果进行联系。故本次教研将对如何在教学活动后进行有效教学反思进行探讨。

▶ **教研过程**

一、开始部分

主持人介绍活动内容与要求：今天的教研活动主题是如何在教学活动后进行有效的教学反思。我们首先观摩刘老师的小班体育活动"小动物摘果子"并听刘老师进行教学反思。随后，围绕刘老师反思的角度以及内容进行研讨交流，请大家在研讨过程中积极发言并做好记录。

二、基本部分

（一）教学现场集体观课，授课教师自我反思

（二）引导全体老师针对小班幼儿体育领域的教学目标进行讨论

预期回答：（1）小班幼儿能沿地面直线或在较窄的低矮物体上走一段距离；（2）能身体平稳地双脚连续向前跳；（3）喜欢参加体育活动，动作协调、灵活；（4）能单手将沙包向前投掷两米左右。

（三）回顾上次教研活动关于从哪些方面进行教学反思的相关问题

预期回答：（1）可以从教学目标与幼儿的达成情况反思教学目标是否明确具体，是否与幼儿的年龄特点和需求相符合；（2）审视教学内容的选择是否科学合理，是否有助于幼儿构建完整的知识体系；（3）反思教学方法是否灵活多样，是否适应不同水平幼儿的发展，是否存在改进空间；（4）分析活动氛围是否轻松和谐，是否能够有效激发幼儿的兴趣和积极性。

（四）观摩本次教学活动后的研讨互动

1.讨论：请结合自己的教学实践，说一说幼儿在体育活动中能够获得哪些经验？

小结：汇总教师发言，梳理体育活动中幼儿能够获得的经验。

（1）幼儿通过体育活动学会了基础的动作技能，如跑、跳、爬、滚等，促进了他们大肌肉和小肌肉的发展；（2）在运动中，幼儿需要协调身体的各个部分以完成各种动作，提高了身体的协调性；（3）体育活动培养了幼儿对运动的兴趣和自信心，当他们在运动中取得进步或成功时，他们会感到自豪和满足，这种积极的体验有助于增强他们的自信心和自我效能感；（4）体育活动有助于培养幼儿的团队合作精神和社交能力。

2.分析讨论：刘老师在教学过程中是否关注到了幼儿的兴趣和年龄特点？

小结：（1）小班幼儿能身体平稳地双脚连续向前跳，刘老师用套圈摆成一排让幼儿双脚连续向前跳，符合幼儿的年龄和动作发展特点。（2）刘老师关注到幼儿喜欢走独木桥，于是便增加了独木桥的长度，关注到了幼儿的兴趣又能锻炼幼儿的平衡能力。（3）有些幼儿因为"果子"长得太高而放弃去摘，刘老师没有及时关注到这些幼儿的需求并调整"果子"的高度。

3.分析讨论：说一说刘老师本次体育活动中制定的教学目标和教学的实际情况是否一致？有哪些不足？

小结：（1）刘老师想要发展幼儿的跑、跳、爬、滚等动作技能，但在实际教学中对这些动作的要领强调还不够，有些幼儿没有掌握基本的动作要领。（2）刘老师设置的"关卡"丰富多样、难度适中，符合大多数幼儿的身体发展情况，大多数幼儿都能够获得基本动作技能，发展大小肌肉。（3）刘老师选取幼儿较为喜欢的水果和小动物的元素，激发了幼儿对体育活动的兴趣，符合情感领域的目标。（4）刘老师制定的技能目标可以加上"投掷"，鼓励有能力的幼儿用沙包把果子打下来，这样可以发展幼儿的力量和耐力。

4.反思讨论：如果请你对近期组织的一次教学活动进行反思，你将反思哪些方面？通过哪些途径进行反思？

小结：（1）我会明确反思的目标，反思教学目标是否达成、教学方法是否恰当、是否适合幼儿的年龄特点和认知水平等方面。（2）我会详细回顾整个教学过程，分析教学内容的组织和呈现方式是否有助于幼儿理解和接受、教学方法和手段是否多样有趣、幼儿是否掌握了所教授的知识和技能。（3）我会邀请同事或其他专业人士观摩自己的教学活动，并听取他们的意见和建议，从更广泛的角度审视自己的教学，发现可能忽视的问题或不足之处。（4）教学反思是一个持续的过程，我会通过参加教育培训、阅读教育专业书籍等方式不断学习和提升自己的专业素养。

三、结束部分

教研总结：

1. 表扬在教研过程中踊跃发言的教师，汇总教师们的优秀经验，搜集和分析教师们现阶段存在的问题和想要提升的方面。

2. 围绕教师们的问题和发展需求制订教研计划，采取有效措施，助力教师在教学活动后进行有效的教学反思。

▶ 教研反思

（一）本次教研活动的优点

1. 教研目标明确具体，教研中教师们积极发表见解，教研氛围浓厚。

2. 选择的研究问题来自教师们日常教学活动中容易忽略和出错的点。

3. 全体教师在教研活动前充分查找了教研内容，使教研过程更加顺利。

（二）本次教研活动存在的问题

1.教研过程中，缺少对教师的不同问题进行针对性的指导。

2.有些教师的教学经验较少，在教研过程中发言较少，积极性欠缺。

（石家庄市第一幼儿园　张建颖）

微信扫码
- AI 教学助手
- 内容图谱
- 知识图卡
- 保育笔记

如何有效实现教学活动与区域活动的互补与链接
——以大班主题活动"车子变形记"为例

▶ **教研时间**

×××× 年 ×× 月 ×× 日。

▶ **教研目的**

1. 通过观摩，使教师了解区域活动与教学活动之间的关系。

2. 通过研讨，转变教师传统教学理念，探索教学活动与区域活动新的教学模式和方法，符合新时代儿童的发展需要。

▶ **教研模式**

观摩式教研、交流式教研、会场式教研。

▶ **教研准备**

1. 幼儿游戏实践现场观摩。教师利用不同形式记录幼儿游戏行为。

2. 准备好的教研会场。

3. 老师提前学习《评估指南》关于活动组织的相关内容。

▶ **教研背景**

一直以来，集体教学活动与区域活动大多是割裂的，班级一般先集体教学活动，然后区域活动。不管幼儿喜欢不喜欢，集体教学活动都要参与，所以总能看到一些幼儿在集体活动中出现消极应对，老师还觉得幼儿不专注学习。有时集体活动很精彩，教师不管幼儿喜不喜欢，还会占用幼儿的游戏时间，导致幼儿想玩也没得玩，这让很多意犹未尽的幼儿很扫兴，没有满足幼儿自主游戏的时间，也不利于幼儿产生深度学习。故本次教研将对如何有效实现教学活动与区域活动的互补与链接进行探讨。

▶ **教研过程**

一、开始部分

主持人介绍活动内容与要求：集体教学活动与区域活动是教师每天都在进行的工作，在前期开展的"观察"的重要性"师幼互动"的多次研讨中，老师们反响强烈，产生了很多共鸣，提高了对集体教学活动与区域游戏的剖析能力。此次我们再次依托《评估指南》，从幼儿发展的视角对如何有效实现教学活动与区域活动的互补与链接进行解读，深刻感悟《评估指南》中的价值意蕴，助力教师们更优质教育行为的生长。

请大家带着自己的问题一起移步大一班活动现场。结合《评估指南》活动组织的指标，详细记录活动过程，观摩后谈一谈自己的看法。

二、基本部分

（一）教师们带着问题，观摩大一班幼儿活动现场

观摩结束后，大一班教师结合活动来源，教学活动和区域活动如何互补与链接进行反思。

（二）引导全体老师结合实践现场观摩和主班教师反思进行讨论

主持人提问：《评估指南》活动组织的第 22 条：发现和支持幼儿有意义的学习，采用小组或集体的形式讨论幼儿感兴趣的话题，鼓励幼儿表达自己的观点，提出问题、分析解决问题，拓展提升幼儿日常生活和游戏中的经验。结合今天的活动谈谈你对集体教学活动与区域活动的互补与链接的想法。

预期回答：

（1）今天的活动，看出教师有意识进行整合，但还有教师主导现象。区域游戏主要是针对不同儿童的学习特点以及兴趣爱好而在幼儿教学中设置的不同区域的游戏，让全体孩子都能得到发展与进步。而集体活动则是有明确的主题和主线，让孩子能够按照教师预先所设计的教学那样发展。显然，这两种活动组织形式都有缺陷，区域游戏忽视教师的主导作用，而集体教学活动则忽视了儿童的主体性，只有将二者完美结合、相互补充，才能促进幼儿综合素质的全面发展，从而实现游戏教学的高效性。

（2）在教学活动中，有些活动内容可以在区域中完成，教师要

明确哪些活动是可以和区域、游戏相关联的，只有相关联的活动才能更好地进行融合。活动前通过游戏、调查、我的发现等丰富幼儿的已有经验，创设幼儿发展的最近发展区，活动结束后，可以将相应的活动延伸到区域活动中。

主持人：那如何开展集体教学活动，符合当下儿童发展需要？

预期回答：

（1）以前的集体教学活动，我们更关注的是教学目标是否达成，追求的是活动效果是否完美，但这些是真正意义上的幼儿在前，教师在后吗？落实《评估指南》后，我们的集体活动发起 30% 来自"教师预设"，70% 来自"幼儿生成"，不管是"教师预设"还是"幼儿生成"，重点在于教师对幼儿生成性活动的关注，我们的关注点由教学目标转变为关注幼儿的需要和兴趣，适时调整教育行为，思考如何帮助幼儿拓展经验。

（2）要发挥集体教学活动的有效性，活动前要了解大部分幼儿的已有经验。集体活动的开展是建立在教师前期对幼儿较长时间持续跟踪观察的基础上，建立在对幼儿充分了解的基础上。教师观察到的游戏生活中的教育价值点——适时捕捉、挖掘孩子最近发展区内有价值的点并有意识地推进，如与为什么要开展集体活动的几点相辅相成，确定哪些经验、内容是适合开展集体活动的。

（三）观摩本次教学活动后的研讨互动

主持人：从儿童视角出发的集体教学活动的意义是什么？与一日生活中其他活动有何区别？

小结：汇总教师发言，梳理相关的方法和经验。

集体活动的开展是否有意义，取决于活动结束后我们对幼儿的关注度，对幼儿接下来的游戏情况有没有进行持续跟踪和反思。这是一个动态的过程，很多问题不是一节集体活动就能解决的，更需要我们教师持续关注和引导。

在幼儿园保育教育中，教师要善于为孩子创设一个和谐愉悦的游戏环境，将集体教学活动与游戏相融合，调动孩子的全部感官，让其在自由、自主、宽松的氛围中快乐游戏、学习。不要过度关注幼儿学会了什么，要关注幼儿的游戏过程，对什么感兴趣，关注幼儿发现问题、解决问题的过程，使其身心都能得到和谐发展，从而为孩子今后的学习生涯奠定坚实的基础，促进孩子综合素质的全面发展。

分析讨论：说一说在本次活动中，你有哪些收获？

反思讨论：如果你是大一班教师你会如何预设活动内容？

小结：老师们对观察中的实际情况发表自己的想法和见解：建议教师在组织集体教学活动前，先给予幼儿充分的游戏时间，通过持续的观察幼儿后发现聚焦问题，再决定是否开展集体教学活动；

还要在观察孩子的游戏时，关注到孩子的游戏动机，关注孩子在解决问题时通过多种尝试体现的学习能力和学习需求；观察中教师同样要思考支持孩子的方式方法，在集体教学活动分享时要以开放性的问题引起幼儿思考，拓展幼儿的思维。

三、结束部分

教研总结：

1.区域活动为集体教学提供经验准备

学前儿童的思维模式是直观的，主要在实践中认识世界。在进行区域活动时，幼儿通过动手操作掌握知识技能。将区域活动作为集体教学的前提，教师通过观察，发现幼儿在操作过程中获得的一些肤浅的、零碎的经验，将他们进行梳理与提升，从而激发幼儿的学习兴趣。

2.区域活动作为集体教学的延伸

集体教学是在有限的时间内面向全体幼儿的教学活动，不能兼顾幼儿个别差异，区域活动则是最好的弥补。孩子们可以到区域活动中继续探索，从而感受到成功所带来的喜悦。集体教学活动结束后，个别幼儿对探索的内容意犹未尽，还有深入下去的欲望与需要，区域活动正好可以满足这些幼儿，使其活动向更深入的方向发展。

3.二者与环境的互动

环境创设是主题活动的补充与延伸，是对主题内容的深化与拓展。幼儿可以在这里观察、讲述、操作、欣赏。好的环境创设不仅能给予幼儿"润物细无声"的教育，也能让人从中看出主题进行的轨迹。在环境创设与区角设置上最大的特点就是把活动室墙面布置和区角创设的主动权还给孩子。

▶ 教研反思

通过实践，我们发现：无论是活动区活动还是集体性教学活动，都应充分发挥师生的积极性，考虑并尊重孩子的兴趣和需要，理解并把握孩子的发展方向，使教育内容、要求能兼顾群体需要和个体差异，使每个幼儿都能得到发展，都有成功感，这样才是有效的教育。

（一）本次教研活动的优点

1. 能结合本学期的教研总体计划进行，有明确的教研目标和步骤。

2. 选择的研究问题来自园所教师实践的真实的困惑和难点。

3. 教师在活动前充分挖掘了相关学习资源并进行了备课。

（二）本次教研活动存在的问题

1. 研讨过程中教师发言不够积极主动。

2. 讨论话题没有兼顾不同层次的教师需求，后期需通过集体研讨、个人学习等方式提升教师的专业素养，并提高相关意识。

（北京市怀柔区教科研中心　刘晓杰）

第四章
基于区域游戏的园本教研实例

游戏材料的投放如何促进幼儿深度学习的发生
——以观察园内材料投放为例

视频二维码

▶ 教研时间

××××年××月××日。

▶ 教研目的

结合小中大班幼儿年龄发展特点以及《评估指南》，投放适合幼儿发展的材料，来促进幼儿深度学习和发展。

▶ 教研内容

探讨游戏材料的投放如何促进幼儿深度学习的发生，并提出相应的策略，通过观察各区角投放的材料，引导教师讨论其投放的合理性。

▶ 教研模式

情境式教研。

▶ 教研准备

1. 教师共同观察当前园内材料的投放，并记录。

2. 准备好的教研会场。

3. 教师收集材料投放、深度学习相关文献。

▶ 教研背景

随着教育理念的不断更新，越来越多的教育者开始关注幼儿深度学习的重要性。深度学习强调幼儿在学习过程中的主动探索、思考与解决问题能力的发展。通过观察园内材料的投放，发现老师对材料的投放如何促进幼儿的深度学习分析不够透彻，出现了材料投放不合理的情况，故本次教研将对材料投放如何促进幼儿深度学习进行探讨。

▶ 教研过程

一、开始部分

主持人介绍活动内容与要求：今天的教研活动主题是"游戏材料的投放如何促进幼儿深度学习的发生"。主持人引导教师观察园内及班级内的材料投放情况，特别是材料的种类、数量、质量、布局等方面。围绕深度学习理念，讨论观察到的材料投放如何促进幼儿的深度学习，请大家在过程中做好记录和发言。

二、基本部分

（一）教师共同参观园内的材料投放，并进行记录

（二）引导全体教师对可以投放哪些游戏材料进行讨论

预期回答：（1）可以提供多样化的游戏材料，来满足不同孩子的兴趣和需求，促进幼儿的个性化发展。（2）要注重材料的层次性和挑战性，可以通过逐步增加难度和复杂性，激发幼儿的学习兴趣和探究欲望。（3）创设支持性的学习环境。要提供足够的空间和时间，鼓励幼儿自由探索和尝试。（4）关注孩子的学习过程：及时给予指导和支持，帮助他们建立正确的学习方法。

（三）引导教师继续对游戏材料投放的原则进行讨论

预期回答：（1）适应性原则。游戏材料应符合幼儿的年龄特点和认知水平，确保他们能够理解和操作。投放的游戏材料应具有一定的挑战性，能够激发幼儿的好奇心和探索欲望。（2）探究性原则。游戏材料应具有一定的探究性，鼓励幼儿主动探索、尝试和发现。通过游戏材料的投放，引导幼儿发现问题、解决问题，培养他们的

探究精神和创新能力。（3）多样性原则。游戏材料的种类和数量应丰富多样，以满足不同幼儿的兴趣和需求。投放的游戏材料应具有不同的功能和用途，能够支持多种学习活动的开展。

（四）观摩本园材料投放后的研讨互动

1.请结合自己的教学实践，谈谈教师如何支持幼儿的深度学习。

预期回答：（1）提供丰富的教育资源。为了实施深度学习，教师需要提供丰富多样的教育资源，包括图书、教具、玩具等。这些资源能够激发幼儿的学习兴趣，为他们提供多种探究和学习的机会。（2）创设支持性学习环境。支持性学习环境是指一个安全、自由、有序的环境，能够鼓励幼儿主动探究和学习。教师可以通过布置教室、提供开放式的学习区域等方式来创设这样的环境。（3）引导幼儿主动探究。教师需要引导幼儿主动探究问题，鼓励他们提出自己的想法和解决方案。同时，教师需要提供适当的指导和支持，帮助幼儿解决问题并反思学习过程。

2.反思讨论：我园的材料投放合理吗？应该怎样投放游戏材料

才能够更好地促进幼儿深度学习。

小结：（1）游戏材料的投放对于促进幼儿深度学习具有重要意义。通过选择和投放适应性强、探究性高、多样性丰富的游戏材料，可以有效激发幼儿参与积极性、培养探究精神、提高认知能力等方面。（2）继续深入研究游戏材料投放与幼儿深度学习之间的关系，探索更多有效的投放策略和指导方法，以更好地促进幼儿学习和发展。

三、结束部分

教研总结：

1.将教师们的新建议进行归纳总结。

2.将研究成果运用到实际的材料投放上，并进行观察。

▶ 教研反思

（一）本次教研活动的优点

1.改变园内之前不合理的材料投放。

2.新的材料投放更加能够促进幼儿深度学习。

（二）本次教研活动存在的问题

1.缺乏高质量的资源，需要引进更多优秀者的经验。

2.教研形式单一，鼓励进行形式多样的教研活动。

（石家庄市第一幼儿园　李韶华）

如何运用图表记录游戏的计划与评价

视频二维码

▶ **教研时间**

××××年××月××日。

▶ **教研目的**

幼儿通过分享游戏经验绘制图表，通过绘画、讲述等方式对自己经历过的游戏活动进行多方面的表达表征。

▶ **教研内容**

本次活动在运用图表记录游戏的过程中，研究游戏前教师如何有效利用已有图表与幼儿进行谈话，以及游戏后引导幼儿通过分享游戏经验用多种方法绘制图表。

▶ **教研模式**

情境式教研、会场式教研。

▶ **教研准备**

1. 教师现场示范教学，其他教师观摩并记录。

2. 教研会场。

3. 教师对运用图表记录游戏过程的理解与运用。

▶ **教研背景**

上一次观摩研讨刘老师小班主题操作活动，如何运用图表记录"菜市场——蔬菜区"菜品制作的方法后，发现老师在利用图表记录计划与评价的过程中引导得不够清晰和精准，在运用图表记录游戏的过程中要发展幼儿哪些方面的能力，老师分析不够透彻，使幼儿出现了表达表征单一的情况。本次教研将针对如何运用多种方法以图表的方式记录游戏计划与评价进行讨论和研究。

▶ **教研过程**

一、开始部分

主持人介绍活动内容与要求：今天的教研活动主题是如何运用图表记录游戏的计划与评价。我们先来观摩刘老师的小班主题"菜市场"的操作活动。然后，围绕教学活动的目标、教学过程中图表的记录与评价方法来进行研讨，请大家在过程中做好记录和发言。

二、基本部分

（一）教学现场集体观课，授课教师自我反思

（二）教研活动关于"游戏前教师如何有效利用已有图表与幼儿进行谈话"的相关问题

预期回答：（1）游戏前的谈话是上次游戏的总结以及本次游戏活动的目的；（2）已有图表可以起到承上启下的作用，给本次游戏活动打下了基础；（3）游戏前谈话是一个总结和开展的过程，幼儿可以参照已有图表总结上次活动的内容以及方法，然后根据本次教师的游戏前谈话制定自己活动的内容。

（三）关于"游戏后引导幼儿通过分享游戏经验用多种方法绘制图表"的过程

预期回答：（1）教师以关注、回应等方式记录孩子的学习过程，同时结合高瞻课程中的材料、操作、语言、支持、主动学习的要素，研究如何在活动中支持幼儿主动发展。（2）游戏分享丰富了幼儿的知识、技能和情感体验。同时发现幼儿在游戏中面临的问题、困惑

和挑战，通过总结和分享得到提升。（3）通过分享游戏经验利用多种方法绘制图表的过程，拓展了幼儿的生活经验，丰富了语言内容，增强了理解和表达的能力。引导幼儿结合画面内容，学习建立画面与内容的联系，为小学看图写作文奠定了基础。

（四）观摩本次教学活动后的研讨互动

讨论：请结合自己的教学实践，说一说如何将图表运用到一日生活的各个环节。

小结：结合教师发言，梳理图表运用的方法和经验。

（1）图表的使用贯穿在我们班的一日生活中，比如，小班入园换鞋的时候孩子们总是穿反鞋，我就与孩子们讨论出了"正确穿鞋的方法"，并绘制了图表，孩子们会参照图表找到适合自己的方法，鞋穿反的现象大大减少。

（2）我们班的孩子对于入园后的"进班五部曲"顺序掌握不好，所以晨间秩序特别混乱，后来我们绘制了"入园五部曲"的参照图表，孩子们按照图表步骤进行整理，忘记了就看图表自我提醒，晨间秩序改善了很多。

分析讨论：说一说刘老师本次活动中，在目标制定与游戏的过程中，有哪些优点与不足？

闪光点：教师的目标制定涵盖了游戏前以及游戏后。锻炼了幼儿表达表征方面的能力，整个环节贯穿得非常完整，内容清晰。

不足：在幼儿用多种方法绘制图表的过程中，教师引导不够全面、精准，没有激发幼儿运用多种方法绘制图表的能力。

反思讨论：如果在"游戏后引导幼儿通过分享游戏经验用多种方法绘制图表"的环节，你会怎样预设教学步骤？

小结：（1）教学过程中，灵活运用看、讲、画的方法，开阔幼儿的思维能力。注意选择最适宜的方法达成游戏目标，不偏离活动本身。（2）我的教学步骤会集中在"多种方法"上，不是单一的一种材料制作一种菜品，而是会延伸到一种材料多种菜品，通过颜色、触感、形状来进行制作。

三、结束部分

教研总结：

1.围绕教师们存在的问题和困惑制订教研计划，运用《指南》，采取相应的措施助力教师的日常工作与实践。

2.表扬教研过程中积极发言的教师，吸取教师们的优秀经验，发现并分析教师们现阶段存在的问题和困惑。

▶ **教研反思**

（一）本次教研活动的优点

1.根据总计划进行，有明确的教研目标和步骤。

2.选择的研究问题是持续的，可以通过后续活动逐步完善。

3.教师在活动前充分学习了相关资源并进行了备课。

（二）本次教研活动存在的问题

1.教研过程中，没有充分调动教师的积极性、参与性。

2.教师对教研问题发表的意见剖析得不够深刻。

（石家庄市第一幼儿园　刘婧姝）

微信扫码
● AI 教学助手
● 内容图谱
● 知识图卡
● 保育笔记

教师的游戏介入如何有效推进游戏中的幼儿发展

视频二维码

▶ **教研时间**

××××年××月××日。

▶ **教研目的**

提升教师在区域游戏中有效介入的能力与技巧，以确保幼儿能在教师的专业指导下获得更为全面和均衡的发展。

▶ **教研内容**

通过实际案例的深入剖析，探讨教师在游戏介入过程中的有效策略与成功经验。将对教师在游戏过程中选择介入时机的合理性进行深入研究，旨在避免过度干预或错失关键时机，以促进教育质量的提升与幼儿的全面发展。

▶ **教研模式**

情境式教研、会场式教研。

▶ **教研准备**

1. 教师准备幼儿区域活动案例，其余教师记录、观摩。

2. 准备好的教研会场。

3. 了解游戏介入对幼儿发展的影响。

▶ 教研背景

本园为深入贯彻落实《评估指南》的指导思想，始终关注区域游戏在幼儿全面发展中的关键作用。为了进一步提升幼儿在游戏中的学习效果和成长体验，本园特地组织了一次园本教研活动。此次活动的核心议题聚焦于探讨教师在游戏介入过程中的策略与方法，旨在通过教师的专业介入，为幼儿的游戏体验和学习成果提供更为有力的支持。

▶ 教研过程

一、开始部分

主持人介绍活动内容与要求：本次教研聚焦于教师在游戏过程中介入的时机与程度，深入探讨介入的适宜方式、有效策略以及具体方法。请教师在活动中保持专注，认真记录，积极发言，以确保研讨的深入与全面。期待大家的积极参与和精彩发言。

二、基本部分

（一）全体教师参与讨论，就教师在游戏过程中何时进行介入进行研讨

预期回答：（1）当幼儿在游戏中遇到明显的困难或障碍时；（2）游戏无法继续进行或幼儿失去兴趣；（3）在幼儿之间发生冲突时；（4）当幼儿主动向教师寻求帮助或指导时；（5）发现幼儿的创

意受限或缺乏新思路时。

小结：在介入过程中，教师应始终尊重幼儿的自主性。教师的角色是引导者和支持者而非主导者。通过尊重幼儿的意愿和选择，教师可以确保幼儿在游戏中的主体地位得到充分尊重和发挥。

（二）全体教师就教师在游戏过程中介入的程度进行讨论

预期回答：（1）尊重幼儿的自主性，允许他们主导游戏进程，避免过度干预其决策和行动；（2）幼儿能够自行解决问题或恢复游戏秩序时，及时退出游戏，给予他们独立处理问题的机会；（3）以引导和启发为主，通过提问、建议等方式引导幼儿，而非直接控制游戏进程；（4）密切观察幼儿的反应，根据他们的反馈调整介入的程度和方式，以提高介入效果；（5）强调幼儿之间的合作，鼓励他们相互协作，减少对教师的过度依赖，培养他们的团队协作意识。

小结：教师介入幼儿游戏时掌握好介入的程度至关重要。教师应该尊重幼儿的自主性，适时退出、提供选择、引导而非主导、少量干预、尊重意愿、保持平衡、观察反馈、鼓励尝试、强调合作以及逐步减少介入。只有这样，才能真正实现游戏的教育价值，促进幼儿的全面发展和自主成长。同时，教师应该给予幼儿足够的信任和支持，相信他们有能力自行解决问题，让他们在游戏中感受到快乐和成就感。

（三）根据教师案例引导教师总结介入的方法和方式

预期回答：（1）在集体游戏中，教师可以通过整体引导和个别指导相结合的方式，确保每位幼儿都能得到充分的关注和支持；（2）在小组游戏中，教师可以扮演观察者和指导者的角色，鼓励幼儿之间的合作与交流，以促进幼儿的社会性发展。

小结：为了有效地指导幼儿的游戏，教师必须积极地参与游戏。教师的介入旨在引导幼儿的游戏向更深层次发展。为了实现这一目标，教师需要细致地观察幼儿在游戏中的行为表现，详细记录他们的游戏行为、兴趣点和发展需求。这些观察记录为教师提供了宝贵的参考，帮助教师理解幼儿的游戏需求，并制定出恰当的游戏介入策略。教师可以通过口头指导、角色示范、创造情境等手段，有效地介入游戏，以激发幼儿的学习热情和探索欲望。此外，教师应根据游戏的特点和幼儿的发展阶段，灵活地运用不同的介入方式。

（四）案例情景再现教师研讨互动

讨论：结合教师自己的实践，说说在游戏介入中的策略。

（1）在游戏开始前，教师需向幼儿明确介绍游戏的规则和玩法，确保他们理解并遵守。

（2）在游戏进行中，教师的适时介入有助于促进幼儿间的社交互动，解决冲突，并培养他们的同理心。此外，为了激发幼儿的创造力和想象力，教师应提供丰富多样的游戏材料和场景。

（3）教师应关注每个幼儿的个体差异和需求，提供个性化的指导和支持，以促进他们的全面发展。

小结：通过确立规则意识、推动社交互动、激发创造力和关注个体差异，教师能够确保幼儿在游戏中获得更广阔的发展机会和成长空间。

三、结束部分

教研总结：

1.教师们对游戏介入的时机和方法有了更清晰的认识，能够根据幼儿的需求和游戏情境灵活介入。

2. 总结出了一系列有效的介入策略，如观察等待、适时提问、提供支持、引导合作等，以促进幼儿的自主探索和发展。

3. 教师们更加重视个体差异，根据幼儿的特点和能力进行个性化介入指导。

▶ 教研反思

（一）本次教研活动的优点

1. 本次教研活动紧密围绕本学期的教研总体计划展开，确保了教研活动的有序性和目标性。我们明确了教研的目标和步骤，为活动的顺利进行奠定了坚实基础。

2. 我们选择的研究问题均来源于日常教学活动中教师所面临的困惑和难点。这种问题导向的研究方式，使得教研活动更加贴近教学实际，有助于解决教师们在工作中遇到的具体问题。

（二）本次教研活动存在的问题

1. 尽管本次教研活动紧密围绕本学期的教研总体计划展开，但在实际执行过程中，部分环节的时间安排仍稍显紧凑。

2. 在选择研究问题时，我们虽然注重了问题的实际性和针对性，但在问题的广度和深度上仍有待加强。

（石家庄市第一幼儿园　霍晓莹）

如何多维度撰写游戏观察记录
——以大班幼儿游戏"走高跷"为例　视频二维码

▶ **教研时间**

××××年××月××日。

▶ **教研目的**

观察幼儿游戏，多维度客观、真实记录幼儿的游戏状况，围绕同一个游戏案例书写不同维度的指导要点。

▶ **教研内容**

通过观看大班幼儿户外区域传统游戏"走高跷"视频记录，引导教师讨论如何多维度观察和记录幼儿的游戏状态。

▶ **教研模式**

情境式教研、会场式教研。

▶ **教研准备**

1.教师准备区域游戏案例视频，其余教师记录、观察。

2.准备好的教研会场。

3.教师理解幼儿的游戏和学习方式，知道幼儿发展的个体差异。

▶ **教研背景**

为全面贯彻落实《评估指南》的相关要求，进一步提升教师观察、解读和分析幼儿游戏行为能力，指导教师运用适宜的游戏观察、记录方式，继而观之有效，察有所获，更好地成为幼儿游戏的观察者、陪伴者、支持者，体现游戏的真正价值，我园组织教师开展了"如何多维度书写游戏观察记录"园本教研活动。

▶ **教研过程**

一、开始部分

主持人介绍活动内容与要求：今天的教研活动主题是在区域活动中多维度撰写幼儿游戏观察记录。先来根据自己的理解说一说观察、撰写幼儿游戏记录的目的，从哪些维度记录幼儿的游戏状态。然后一起观看一段大班幼儿户外游戏视频从多维度撰写游戏记录。

二、基本部分

（一）引导全体老师讨论和了解撰写观察记录的目的、从哪些维度撰写观察记录

预期回答：（1）观察孩子才能有效地进行正面的教育指导。（2）观察和记录是为了进一步全方位了解幼儿。（3）撰写观察记录是为了提高教师观察、解读幼儿的能力和素养。（4）可以从五大领域入手撰写记录。

（二）教研现场集体观看大班户外游戏"走高跷"视频，撰写一篇观察记录

（三）引导全体老师对撰写的观察记录进行讨论、分析，梳理出从哪些维度撰写记录

小结：（1）日常情况下，视频记录大班幼儿自由游戏，可以从幼儿技能、幼儿社会交往、幼儿学习品质等方面撰写。（2）观察和记录，可以从以下几个方面入手：首先，关注幼儿在游戏中所展现的技能水平，如动手操作能力、语言表达能力等；其次，观察幼儿在游戏中的社会交往行为，如合作、分享、解决冲突等能力；最后，还需关注幼儿在游戏中所展现的学习品质，如专注力、探索精神、创新能力等。我们需要从多个维度进行客观、真实地记录，并结合

教育理论进行分析与指导，以促进幼儿全面发展。

（四）此次观察和撰写记录后的研讨互动

讨论：请结合自己的教育实践，说说多维度撰写幼儿游戏记录的方法。

（1）描述游戏过程：记录幼儿在游戏中的具体行为和动作，包括他们选择的玩具、与其他幼儿的互动等。

（2）关注情感表达：注意幼儿在游戏过程中的情绪变化，例如，快乐、兴奋、挫折等，并描述他们如何表达这些情感。

（3）分析游戏主题：探讨幼儿游戏的主题和内容，了解他们对不同主题的兴趣和理解。

（4）观察社交互动：记录幼儿之间的合作、分享、竞争等社交行为，以及他们如何处理冲突和建立友谊。

（5）强调创造力和想象力：注意幼儿在游戏中展现的创造力和想象力，例如，他们创造的新角色或情节。

（6）考虑个体差异：关注每个幼儿的独特表现和发展需求，记录他们的进步和挑战。

（7）结合环境因素：描述游戏环境对幼儿行为的影响，例如，空间大小、玩具种类等。

（8）参考发展指标：将观察结果与幼儿的年龄相结合，参考相关的发展指标，评估他们在各个领域的发展情况。

（9）提出建议和反思：根据观察结果，提出改进游戏环境或支持幼儿进一步发展的建议，并反思自己的教育实践。

通过以上多个维度的记录，可以更全面地了解幼儿的游戏行为、发展需求和兴趣爱好，为教育决策提供有价值的参考。同时，定期回顾和分析这些记录，有助于不断优化教育实践，促进幼儿全面发展。

三、结束部分

教研总结：

1.肯定教师的努力和观点，搜集和分析教师们现阶段存在的问题和困惑。

2.围绕教师们的问题和困惑制订教研计划，采取有效措施，助力教师在日常工作实践中更好地撰写观察记录。

▶ 教研反思

（一）本次教研活动的优点

1.本次活动有明确的教研目标和步骤。

2.选择的研究问题切合实际，来自于教师工作的需求。

（二）本次教研活动存在的问题

1.对不同层次教师的认知、经验没有预估，深入研究有待提高。

2.教研缺乏及时性，没有在教师工作出现需求后及时开展。

3.教研形式比较单一，需要运用多种手段调动教师研讨的自主性。

（石家庄市第一幼儿园　敦雅宁）

依据幼儿个体差异设置不同层次区域活动的指导要点

▶ **教研时间**

××××年××月××日。

▶ **教研目的**

1. 提升教师对指导要点的理解和应用能力，促进幼儿在不同领域的均衡发展，梳理有效的教育策略。

2. 通过观摩活动案例、研讨等方式，发现不同幼儿的学习方式，梳理应对的策略与方法，帮助每个幼儿都能在游戏活动中获得快乐和发展。

3. 在相互碰撞和交流中，提升教师观察、识别、分析儿童的能力，有效支持幼儿在原有水平上获得发展。

▶ **教研内容**

通过观摩小班生活活动区材料投放，引导老师讨论同一主题活动材料投放的适宜性。

▶ **教研模式**

观摩式教研、交流式教研、会场式教研。

▶ 教研准备

1. 教师提前温习《指南》中各领域小班幼儿年龄特点与学习特点。

2. 提前观看本次游戏案例视频，初步了解幼儿游戏内容。

▶ 教研背景

随着幼儿教育的不断发展和改革，提高教师的专业素养和教学质量成为重要的课题。在此背景下，本次教研活动旨在探索如何在同一主题下，通过设置不同的指导要点，实现个性化教学，促进幼儿全面发展。本次教研活动的主题是"好吃的食物"主题活动中，小班生活区不同层次设置的指导要点。

▶ 教研过程

一、开始部分

主持人介绍活动内容与要求：材料是幼儿游戏的载体，它不仅能丰富游戏的内容和形式，对幼儿的发展起到全面促进的作用。目前幼儿在区域游戏中能够按照自己的兴趣选择活动，活动中发生的问题，也能尝试自己解决或求助老师，但是幼儿的发展存在个体差异，主要表现在发展水平的差异、学习方式差异、原有经验的差异等，基于幼儿不同的个体差异，在区域活动中我们如何分层次投放游戏材料，满足不同发展水平幼儿的兴趣与需要呢？今天我们就聚焦这个问题开展一次教研活动。

我们先来观摩小班生活区游戏视频"好吃的食物"。观摩后围绕目前的材料是否能满足大部分幼儿游戏，游戏中你发现了怎样的儿童，教师有哪些支持策略进行研讨交流，请大家在过程中做好记录。

二、基本部分

（一）小班生活区游戏观摩，观摩后主班教师对近期幼儿活动情况进行分享交流

（二）引导全体老师对小班生活区材料投放是否适宜，是否可以满足不同发展水平幼儿游戏进行讨论

预期回答：（1）小班以角色游戏为主，把生活技能融入了各个区域之中。我看到在娃娃家准备了不同的小碗、小勺、蔬菜叶等，给娃娃做饭吃。（2）在建构区中，用蔬菜图片给积木贴上标记，幼儿根据标记进行分类，锻炼他们整理的能力；（3）在美工区中，投放了大小不同的橘子、石榴等材料，引导幼儿学习剥橘子，利用橘子皮进行拼贴创作。同时提供了常见食品：花生、开心果、瓜子、五谷等，让幼儿剥壳、捣碎、研磨。在户外提供了锅铲子，让幼儿进行翻炒。

（三）回顾上次教研活动材料投放的相关问题

预期回答：（1）注重材料投放的丰富性和有效性。在幼儿进行区域游戏时，如果材料投放的数量不足，就会减少幼儿的活动次数，引发幼儿因争抢玩具产生的矛盾；如果材料投放的类型过于单一，

就无法满足不同水平儿童的需要。例如，在发展小班幼儿的手眼协调方面，投放了不同倒水材料、用勺子喂小动物、夹豆子三种材料。随着材料的多样性增加，幼儿可选择的范围也扩大了。

（2）注重材料投放的层次性。区域游戏活动应着眼于幼儿的最近发展区，最近发展区关注幼儿的个体差异，在投放材料时将同一年龄段同一种材料设置了至少有低、中、高三种难度梯度，材料的投入遵循由浅入深、由易到难的原则，随着幼儿能力的发展，逐步替换低难度材料，挑战更高难度的游戏，这样幼儿就可以根据自身能力发展水平选择适合自己的材料进行操作。

（3）教师提供的材料要能够满足幼儿的需要，并对幼儿的发展起到积极的促进作用。在区域材料投放时为每个区域投放了不少于3种的平行材料，有利于个体幼儿的发展需求。

（四）观摩本次区域活动后的研讨互动

1.讨论：请结合本班区域游戏情况，结合小班生活区的游戏，说说区域游戏材料投放方面指导要点。

小结：汇总教师发言，梳理不同年龄班材料投放方面指导要点。

根据幼儿年龄，材料投放有选择。在开展区域活动时，教师要将活动自主权交给幼儿，让幼儿在摆弄活动材料、操作工具的过程中获得知识和经验。为了使区域活动更加符合幼儿的发展规律，满足他们的成长需求，教师要投放与幼儿特点相匹配的材料和工具，并根据活动的主题和内容对一些材料进行调整，使幼儿能够大胆操作和探索。

2.分析讨论：材料投放应考虑哪些因素？

教师投放的材料要符合本班幼儿的年龄特点，只有这样才能充分激发幼儿的兴趣。对于小班的幼儿，教师可以选择投放较为简单的工具；而对于大班的幼儿，教师则可以选择投放较为复杂的材料，以锻炼他们的综合能力。

3.分析讨论：如何发挥材料的多种玩法？满足不同幼儿的发展需求？

根据幼儿兴趣与能力，材料投放有层次。在幼儿园的数学教学中，老师们往往把小木棍和计数联系起来。但是其实小木棍的用途不仅仅局限于计数，它还可以帮助孩子们了解模式、进行统计，以及认识图形的特征；等等。

4.反思讨论：如果请你设计"好吃的食物"主题下各个区域游戏活动，你会怎么设计？

小结：在"好吃的食物"区域活动中，我们通过多种方式方法，让幼儿认识不同食物的营养价值，增强幼儿选择健康食物的能力，培养幼儿良好的饮食习惯。玩中学、学中玩，以多种方式增强幼儿对食物的兴趣。

好吃的食物总是能带给人们愉悦和满足。每个孩子对食物都有自己的丰富认知和个人喜好。他们对食物的关注不仅在于外观与口感，他们对食物的加工过程也充满了好奇。可以投放不同的食材，让幼儿在小厨房制作各种美食。

生活教育解决生活中的问题，可以让小朋友帮助厨房择菜、洗菜、收菜等，增加幼儿的劳动教育。

三、结束部分

教研总结：

1.教师在教研过程中积极发言，有针对性地进行了分析，引发了思维碰撞。

2.研讨中厘清了生活区创设的目的。教师再次审视上述问题，答案变得高度集中。

3.教师在研讨过程中，能够提取有价值的经验进行分享。班级生活区域创设能与幼儿生活相贴近的、增强幼儿的归属感和秩序感，引导幼儿主动建构经验。

4.此次活动帮助老师们梳理了区域活动指导要点，助力教师在日常工作实践中更好落实《评估指南》。

▶ 教研反思

（一）本次教研活动的优点

1.本次教研活动研讨氛围宽松，教师发言能够围绕主题聚焦讨论。

2. 本次活动内容源于一线教师实践活动中的真实问题，小而实，发挥了园本教研的引领作用。

3. 全体教师在活动前能够结合研讨内容，查阅相关资料，为研讨做好理论储备。

（二）本次教研活动存在的问题

1. 指导要点落实到实践工作中还需加强跟进指导。

2. 观摩视频资料不能满足大多数教师实践需求，内容过于单一。

3. 教研形式较单一，部分教师发言不够积极，后续设计活动方案还需层层递进，满足不同教师的需求。

（北京市怀柔区教科研中心　刘晓杰）

微信扫码
- AI 教学助手
- 内容图谱
- 知识图卡
- 保育笔记

第五章
基于日常生活的园本教研实例

深入探索班级自然角种植活动的
有效策略

▶ 教研时间

××××年××月××日。

▶ 教研目的

结合大班幼儿的发展特点以及自然科学领域的教育目标，我们致力于激发幼儿的好奇心和探究欲望，提高他们的认知能力和动手能力，增强环保意识，使他们在与自然的互动中获得成长。

▶ 教研内容

本次教研将围绕参观大班自然角种植活动展开，通过实地观察和交流，引导教师们深入探讨自然角种植活动的有效策略，以提升教师的科学素养，同时促进幼儿的全面发展。

▶ 教研模式

情境式教研、会场式教研。

▶ 教研准备

1.邀请每班一名教师提出在组织幼儿自然角活动时遇到的问题，以便我们能够在教研活动中进行针对性的讨论和记录。

2.精心布置教研会场，确保活动能够顺利进行。舒适的会场环境有助于教师们放松心情，积极参与讨论。

3.要求教师们掌握相关的植物学知识，包括植物生长习性和生长条件，以便在活动中能够给予幼儿正确的指导，提升活动的教育价值。

▶ 教研背景

在之前的种植活动中，我们发现教师在观察与指导方面的能力有待提升。部分教师在活动中未能及时发现幼儿遇到的问题和挑战，导致活动效果不尽如人意。因此，本次教研旨在聚焦如何准确评估活动效果，并据此调整教育策略，以提升教师的教学质量和幼儿的学习体验。希望通过这次教研，使教师们能够更好地理解自然角种植活动的教育价值，掌握有效的教育策略和方法，促进幼儿的全面发展。

▶ 教研过程

一、开始部分

主持人介绍：我们本次教研活动的主题是如何深入探讨自然角种植活动的有效策略以及教师在自然角种植活动中所扮演的重要角色，如何提升观察与指导能力。稍后，我们去参观大班组的主题种植活动"谁的小苗长得高"，请大家在过程中做好记录和发言。

二、基本部分

（一）组织教师参观大班自然角

（二）引导全体老师对大班自然角围绕植物选择、工具准备、种植过程、观察记录以及照顾植物等进行讨论

（1）选择植物：本次主题老师们和孩子们一起讨论了种植什么植物，最终决定种植黄豆、向日葵和菠菜。随后，教师们讨论了黄豆、向日葵和菠菜的种植效果，以及这些植物是否能够满足幼儿的好奇心和探究欲望。

（2）准备工具：自然角里准备了种植所需的工具，如铲子、水壶、花盆等。教师们讨论了如何正确、安全地使用这些工具，确保孩子们在种植过程中的安全。

（3）种植过程：孩子们分组进行种植，每组负责一种植物。在老师的指导下，孩子们学会了如何挖土、播种、浇水等步骤。教师们讨论了如何在这个过程中激发孩子们的好奇心和探究欲望，培养他们的动手能力和合作精神。

（4）观察记录：种植后，孩子们每天观察植物的生长情况，并用图画或文字记录下来。教师们讨论了观察记录表的书写和绘画技巧，以及如何引导孩子们用更生动、形象的方式记录观察结果。

（5）照顾植物：孩子们在种植过程中不仅要学会种植技巧，还要学会照顾植物。教师们讨论了如何在这个过程中培养孩子们的责任感和爱心，让他们学会珍惜生命、关爱自然。

三、结束部分

教研总结：

通过本次教研活动，教师们对自然角种植活动的有效策略有了更深入的认识和理解。大家一致认为，教师在活动中需要充分发挥观察与指导的作用，及时发现和解决幼儿遇到的问题和挑战。同时，需要注重激发幼儿的好奇心和探究欲望，发展幼儿的认知能力和动手能力。这样的活动不仅有助于提升教师的教学水平，也有助于培养幼儿的综合素质和能力。

▶ 教研反思

本次教研活动中，情境式教研和会场式教研相结合，教师们更直观地了解自然角种植活动的实际情况和问题所在。同时，教师们积极参与讨论和经验分享，促进了彼此之间的交流和合作。

（石家庄市第一幼儿园　靳丽华）

如何有效运用图标支持值日生活动深入开展

视频二维码

▶ **教研时间**

××××年××月××日。

▶ **教研目的**

结合幼儿发展特点和社会领域发展目标，通过分析和探讨图标在幼儿园值日生活动中的运用策略，提升值日生活动的教育效果，促进幼儿的全面发展。

▶ **教研内容**

分析图标在幼儿认知发展中的作用；探讨如何设计符合幼儿认知特点的图标；讨论图标在幼儿园值日生活动中的具体应用策略；评估图标运用对值日生活动效果的影响，并不断完善和优化。

▶ **教研模式**

情境式教研、会场式教研。

▶ **教研准备**

1. 教师现场研讨并进行记录。

2. 准备好的教研会场。

3.老师对幼儿园值日生活动的现状进行调研，了解存在的问题和困难。

▶ **教研背景**

随着幼儿园教育的不断发展，值日生活动作为培养幼儿自主性、责任感及团队合作精神的重要途径，日益受到教育工作者的重视。然而，在实际操作过程中，由于幼儿年龄较小，认知能力和注意力有限，往往难以全面、深入地理解值日生的职责和任务。因此，如何有效运用图标这一直观、易懂的工具，支持幼儿园值日生活动的深入开展，成为当前幼儿园教育实践中亟待探讨的问题。

▶ **教研过程**

一、开始部分

主持人介绍活动内容与要求：今天的教研活动主题是如何有效运用图标支持值日生活动深入开展，通过探讨分析图标在值日生活动中具体可以发挥哪些作用、如何根据幼儿的认知特点设计和制作图标、在实际运用中如何确保图标的有效性，提升值日生活动的教育效果，促进幼儿全面发展。请大家在过程中做好记录和发言。

二、基本部分

（一）参观班级值日生活动进行的状态

（二）引导全体老师对图标在值日生活动中具体可以发挥哪些作用进行讨论

预期回答：（1）提示和引导：图标可以直观地展示值日生的任务和职责，帮助幼儿理解并记忆自己的任务。例如，通过图标展示如何扫地、擦桌子等，使幼儿能够一目了然地了解如何完成这些任务。（2）增强记忆：图标的设计往往简洁明了，易于记忆。通过反复观察和实践，幼儿可以逐渐记住这些图标，并在没有成人指导的情况下独立完成任务。（3）提高积极性：图标可以激发幼儿的兴趣和积极性。通过设计有趣、生动的图标，可以吸引幼儿的注意力，使他们更愿意参与值日生活动。（4）培养责任感：通过图标展示值日生的任务和职责，可以帮助幼儿建立起责任感。幼儿可以明确自己的任务和责任，从而更加认真地对待值日生活动。

（三）引导全体老师对如何根据幼儿的认知特点设计和制作图标进行讨论

预期回答：（1）图标应简洁明了，易于理解；（2）使用幼儿熟悉的符号或图案；（3）色彩鲜明，吸引幼儿注意；（4）可结合实物或图片，增强直观性。

（四）在实际运用中如何确保图标的有效性

预期回答：（1）图标应放置在幼儿视线水平内；（2）定期更新图标，保持其新鲜感；（3）教师需讲解图标含义，确保幼儿理解；（4）鼓励幼儿参与图标的设计与制作。

（五）通过本次观看值日生活动后的研讨互动

分析讨论：请结合自己班级的值日生活动开展实践，说说在运用图标支持值日生活动的方法和经验。

　　小结：汇总教师发言，梳理相关的设计运用图标的方法和经验。在讨论过程中，教师们积极发言、交流看法，分享了自己在图标运用方面的经验和做法。通过讨论，大家一致认为：图标在值日生活动中可以起到提示、引导、激励等多种作用；在设计和制作图标时，应遵循简洁明了、色彩鲜艳、符合幼儿认知特点等原则；在实际运用中，要注重图标的更新与维护，确保其与实际活动保持一致。

三、结束部分

　　教研总结：

　　在教研结束时，我们对本次教研的成果进行了简要回顾和总结，并对教师在图标运用方面取得的进步表示了肯定，同时，指出了教研过程中存在的一些问题和不足，并提出了相应的改进建议。最后，鼓励教师在今后的教育实践中积极运用图标支持值日生活动的深入开展。

▶ 教研反思

（一）本次教研活动的优点

通过本次教研，我们深刻认识到图标在支持幼儿园值日生活动深入开展中的重要作用。

（二）本次教研活动存在的问题

1.我们也发现了一些问题和不足：如部分教师在图标设计和制作方面还存在一定的困难；在实际运用中，图标的更新与维护工作还有待加强等。

2.针对这些问题，我们将采取以下措施进行改进：一是加强图标设计和制作方面的培训指导，提高教师的制作能力；二是建立图标更新与维护的长效机制，确保其与实际活动保持一致；三是定期开展图标运用经验的交流与分享活动，促进教师之间的相互学习与借鉴。

（石家庄市桥西区瑞特幼儿园　高朋娟）

如何有效组织幼儿一日常规活动有序开展

视频二维码

▶ 教研时间

××××年××月××日。

▶ 教研目的

1. 帮助教师深入理解一日常规在幼儿教育中的重要性。

2. 探讨如何根据幼儿的年龄特点制定合适的一日常规。

3. 分享和交流教师在实践中培养幼儿良好一日常规的经验和做法。

▶ 教研内容

一日常规所规定的是教师和幼儿在幼儿园的一天里什么时间做什么事情，做到什么程度，在培养幼儿一日常规活动的期间我们如何运用多种策略，达到幼儿一日常规活动有序开展。

▶ 教研模式

沙龙式教研、情景式教研。

▶ 教研准备

1. 教师现场研讨并进行记录。

2. 准备好的教研会场。

3. 老师对一日活动中各类活动的组织与实施进行调研，谈一谈一日常规活动有序开展中遇到的困惑。

▶ **教研背景**

一日常规是幼儿教育中非常重要的一个环节，它不仅可以帮助幼儿养成良好的生活习惯，还可以提高他们的自主性和自律性。因此，我们开展了这个关于如何培养幼儿良好一日常规的教研活动，以提高教师在幼儿教育中的实践能力和专业素养。

▶ **教研过程**

一、开始部分

主持人介绍活动内容与要求：俗话说"没有规矩，不成方圆"，这里的"规矩""方圆"指的是良好的常规和行为习惯，在幼儿园中，一个班级常规的好坏直接影响幼儿的成长和教师组织一日生活的质量。那么一日生活中幼儿的常规该怎样培养呢，请各位老师说一说自己的想法吧！

二、基本部分

（一）进班参观幼儿一日常规活动开展的状态

（二）引导全体老师谈一谈给幼儿创设一个什么样的环境有利于幼儿一日常规活动的有序开展

预期回答：（1）为幼儿创设一种宽松、民主、自由的精神环境，是促进幼儿主动遵守各种规则的一种有效手段。环境在无形中调节着人的言行。教师在幼儿在园的一日生活中要为幼儿创设有利于他们有良好行为表现的环境，让孩子情绪平稳、思维有条理、行为有序，让孩子始终保持有序的活动状态。（2）我觉得师幼关系是常规培养的基础。教师要多和孩子进行情感交流、激发孩子喜爱老师的情感，建立亲密的师幼关系。（3）还要建立民主、尊重、信任的师幼关系。（4）还要坚持正面教育，多鼓励、肯定幼儿。

（三）根据幼儿的心理特点与发展要求，如何循序渐进地培养幼儿一日生活常规的有序开展

预期回答：（1）幼儿的年龄不同，对规则的理解也就不同，教师对幼儿提出的要求就不能雷同。结合幼儿心理特点，严格要求，并找出一个循序渐进的办法，使孩子逐渐学会控制自己的行为，为良好常规的形成奠定强有力的基础。（2）在一个集体中，往往有一些有个性的孩子。对这些幼儿来说，强硬的态度往往会造成他们的逆反心理，教师一定要注意抓住幼儿的心理，要用爱心去博得幼儿的信任，才可以更好地进行常规训练及培养。（3）建立密切的合作关系。首先教师的常规要求要明确、统一。其次，教师分工要明确。不光孩子要建立常规，自然有序。老师也要如此，哪个时间，哪位

老师应该做什么，都应该有明确的分工。做好自己本职工作，更好地服务于幼儿，促进一日常规的建立。

（四）观摩一日生活常规活动后的研讨互动

讨论：结合本班幼儿一日常规活动是如何有序开展的，运用了哪些策略？

小结：汇总教师发言，梳理幼儿一日常规活动有序开展相关的方法和经验。（1）在幼儿中树立榜样，让孩子影响孩子。幼儿会在每天频繁的接触中产生最直接、最具体的影响，给其余孩子留下深刻的印象，对幼儿形成良好的常规起着积极的作用。（2）教师以身作则，起到"榜样""引导"作用。孩子都有模仿的天性，教师的榜样是非常重要的，老师的一举一动、一言一行都很容易被孩子模仿。因此，老师平时的一些坏的生活、学习习惯以及话语都会给孩子的常规培养带来不良的影响。教师在面对孩子时，应该更加严格要求自己，在任何时候、任何情况下都应该做到这一点。

三、结束部分

教研总结：

本次教研活动中每位教师就自己遇到的问题或普遍存在的现象进行了热烈讨论，讨论的过程中有部分教师的观点和看法相似。为了便于整理，我们将相同的观点收集在了一起；教师教研活动是教师交流的平台，是一次相互学习的机会；教师们在交流与学习中不断地成长与成熟。

▶ 教研反思

（一）本次教研活动的优点

本次教研老师们基于幼儿的学习特点和幼儿一日生活的价值，并结合对一日生活的若干认识问题进行了讨论。

（二）本次教研活动存在的问题

1. 对研究《指南》必须融入一日生活中仍然需要加强。

2. 忽略了对不同层次教研水平教师已有经验和实践经验的调动。

3. 教研方式比较单一，需要运用多种手段调动教师研讨的自主性。

（石家庄市第一幼儿园　康慎聪）

微信扫码
● AI 教学助手
● 内容图谱
● 知识图卡
● 保育笔记

如何以我的游戏故事册为载体科学评价幼儿
——以中班主题活动"动物园"为例

▶ **教研时间**

　　××××年××月××日。

视频二维码

▶ **教研目的**

　　以"我的游戏故事册"为载体科学评价幼儿，尊重幼儿个体差异，发现每个幼儿的优势和长处，促进幼儿在原有水平上发展。

▶ **教研内容**

　　通过观摩中班"动物园"主题活动开展，引导教师讨论如何以"我的游戏故事册"为载体科学评价幼儿。

▶ **教研模式**

　　情境式教研、会场式教研。

▶ **教研准备**

　　1.参加教研的老师到中班组观摩"动物园"主题活动的开展，中班组教师负责介绍开展的过程。

　　2.准备好的教研会场。

　　3.教师有对"我的游戏故事册"内容、《指南》幼儿发展目标、《评估指南》的解读。

▶ 教研背景

在日常教学观摩活动中，发现教师对科学评价幼儿的内涵把握不够，评价的主体和途径不够清晰，出现了评价不够科学的情况，故本次教研活动围绕科学评价幼儿的概念、日常活动中评价幼儿的做法和困惑、评价主体和途径进行研讨交流。

▶ 教研过程

一、开始部分

主持人介绍活动内容与要求：今天的教研活动主题，以尊重幼儿发展的个体差异，发现每个幼儿的优势和长处，促进幼儿在原有水平上的发展为目的，以"我的游戏故事册"为载体，讨论如何科学评价幼儿。我们先来观摩中班"动物园"主题活动开展，然后围绕科学评价幼儿的概念、日常活动中评价幼儿的做法和困惑、评价主体和途径来进行研讨交流。请大家在过程中做好记录和发言。

二、基本部分

（一）集体观摩中班"动物园"主题活动开展，并请中班老师介绍日常教学活动中，利用"我的游戏故事册"进行幼儿评价的做法

（二）引导全体教师对科学评价幼儿的概念、目的、评价指标进行讨论

预期回答：（1）科学评价幼儿，是指根据一定的目标，采用可行的评价技术和方法，对幼儿科学教育的现象及其效果进行观察、记录、测定，分析目标实现程度，作出价值判断的过程；（2）针对幼儿通过绘画、讲述等方式对自己经历过的游戏、阅读过的图画书、观察等活动进行表达表征，对幼儿做出全面、客观的评价，从而促进幼儿在原有水平上的发展。不片面追求某一领域、某一方面的学习和发展；（3）评价幼儿的指标应依据《指南》《评估指南》；（4）评价的过程是动态发展的，"我的游戏故事手册"要多种素材全面记录幼儿的发展过程；评价主体应该是教师与家长、幼儿，三者应一起解读和评估幼儿的发展。

（三）观摩中班"动物园"主题活动后的研讨互动

1.讨论：请结合自己的教学实践，说说日常科学评价幼儿的做法和经验。

小结：汇总教师发言，梳理科学评价幼儿的方法和经验。（1）在中班的观摩中，我们发现除了孩子们的动物园美术作品、动物园立体手工，还有户外积木搭建动物园场馆、奥运会场馆的设计图、精彩瞬间照片等，因此要想科学评价幼儿，需要多种素材全面记录，可以是幼儿作品、反映幼儿行为特点瞬间的照片、视频、生活参访记录表、调查表等；（2）评价幼儿的方式可以同时并存，全方位地解读幼儿发展；（3）评价主体是多元化的，由教师、幼儿以及家长多方结合形成多元化、互动式评价。

2.分析讨论：中班"动物园"主题下的"我的游戏故事手册"呈现了哪些内容？中班组教师的做法是真正意义上的科学评价幼儿吗？其评价主体和途径是唯一的吗？

3.反思讨论：如果请你利用"我的游戏故事手册"科学评价幼儿，你会如何开展呢？

小结：（1）要多种素材全面记录幼儿的成长，既有体现园本课程的主题内容，又有反映幼儿兴趣爱好和个性的领域内容，还有反映各种类型的与时事相关的游戏内容。（2）评价指标要以《指南》《评估指南》为依据。（3）评价主体应该是教师、家长和幼儿。其中幼儿评价包括自我评价和同伴间相互评价。

三、结束部分

教研总结：

1.表扬教研中积极发言的教师，汇总教师们的经验，搜集和分析教师们现阶段存在的问题和困惑。

2.围绕教师们的问题和困惑制订教研计划，采取适宜有效的策略。

▶ 教研反思

（一）本次教研活动的优点

1.能够结合本学期的教研总体计划进行，有明确的目标和步骤。

2.教研的问题来自日常教学活动中教师的困惑和难点。

（二）本次教研活动存在的问题

1.家长评价体系、实施路径多样化还需要进一步完善。

2.忽略了不同层次教师的已有经验，导致教师研讨主动性不高。

（石家庄市第一幼儿园　肖硕）

幼儿晨间自主入园、进班多种策略及运用

▶ 教研时间

××××年××月××日。

▶ 教研目的

通过优化晨间入园环节，帮助幼儿更好的适应幼儿园生活，培养幼儿自主性和独立性，为幼儿全面发展打下坚实基础。

▶ 教研内容

通过观摩小班晨间入园活动，引导教师通过观摩、案例分享讨论适宜的方式方法。

▶ 教研模式

分享式教研、案例式教研。

▶ 教研准备

1.观看小班入园活动视频，其余教师记录。

2.教研活动场所相关电子设备、物质材料等准备到位。

3.老师有对绘本文本解读、语言领域核心经验的基本理解与运用。

▶ 教研背景

幼儿晨间入园是幼儿园一日生活中的重要环节，对于幼儿来说，良好的入园体验有助于幼儿快速适应幼儿园生活，形成积极的态度。但是，在上一次的教研活动后，以及实际操作过程中我们发现，虽然我们从家长和幼儿方面做了很多工作，但效果欠佳，更应该从幼儿、园所、教师、家长多维角度出发，综合考量。因此，本次教研活动，探讨如何运用多种策略实现幼儿晨间自主入园。

▶ 教研过程

一、开始部分

介绍活动内容与要求：今天的教研活动主题是如何运用多种策略实现幼儿晨间自主入园、进班。我们先一起观看小班晨间入园的视频，然后，围绕本次教研目标和内容进行研讨交流，请大家在过程中做好记录并积极发言。

二、基本部分

（一）教师一起观看小班晨间入园视频，负责晨间入园的主班教师进行介绍和反思

（二）引导老师针对观看的入园情况以及本次活动目标进行讨论

提问：通过刚才的晨间入园活动以及主班教师的介绍，大家结合本次教研活动有哪些想法呢？

预期回答：（1）孩子们的状态可以分为三种：不能独立入园、勉强独立入园、开心自主独立入园。（2）幼儿的自主入园不仅需要家长的配合，而是需要全方位的关注。（3）幼儿才是自主入园的主体，但是家庭、园所以及教师的配合也能起到至关重要的作用。（4）我们需要从多维度来为幼儿提供愉悦的、自主入园的条件。

（三）回顾上次教研活动关于自主入园策略的内容

预期回答：（1）宣传推广：班级可以通过家长会、微信公众号、家长座谈等方式，向家长介绍自主入园对于幼儿成长和发展的优势，鼓励家长积极参与，合理配合。（2）个性化指导：在接待家长和幼儿时，应根据每个幼儿的特点、家庭情况提供个性化的服务，例如，家访、调查问卷等方式，了解家长和幼儿的需求、幼儿家庭状况、幼儿照护人员情况等信息，以此为基础为幼儿和家长提供更加贴心细致的服务。（3）相关准备：日常生活中家长要学会逐步放手，让孩子学会队里行走、排队晨检，在保证安全的前提下，做一个好的旁观者。

（四）案例分享

通过教师分享的有关晨间入园的案例活动，进行研讨互动。

1.讨论：培养幼儿自主入园，我们可以从哪些方面入手，有哪些策略？

小结：汇总教师发言，梳理相关的经验。培养幼儿自主入园我们可以从家长层面、幼儿园层面、幼儿层面入手，但是幼儿作为主体，是我们更加要细致分析讨论的对象。

2.分析讨论：针对幼儿方面我们的策略是什么呢？

小结：（1）逐步适应：通过组织亲子活动、过渡性课程、奖励等方式，帮助幼儿逐渐适应新环境和新生活，有助于减轻幼儿的入园焦虑、促进幼儿更好地融入集体生活。（2）建立信任关系：教师要与幼儿建立亲密的师生关系，给予幼儿充分的关爱和支持。通过积极互动和沟通，让幼儿感受到教师的关心和温暖，从而增强幼儿的安全感。

3.讨论：大家认为在培养幼儿自主入园过程中，我们存在的问题是什么呢？

预期回答：（1）家长的过度保护。（2）幼儿自我控制力差。

小结：（1）适当放手，杜绝包办代替。家长应该让孩子做些力所能及的事，比如自己吃饭，自己洗脸等。在幼儿园，老师们会引导孩子自己穿脱衣服，自己拿勺吃饭，让孩子尝试独立做事，这样他们就会觉得自己是最棒的，独立性就会大大增强。（2）培养孩子的独立意识，给孩子更多自由。独立意识的提高是实现幼儿自主入园的一个重要条件。凡是孩子自己能做的让孩子自己去做，不要代替他。孩子想做的事，只要没有发生意外的可能，就放手让他去做。一开始可能做得不够好，但是他们无论做什么事情都是从不会到会，从做不好到做得好，孩子在做事情的过程中才能得到锻炼，获得发展。（3）利用游戏提高孩子的自控能力。游戏中常常蕴含着规则，孩子通过这种有趣的形式，更容易形成自控能力。当幼儿的自我控制能力有了一定的发展以后，幼儿在面对那些具有挑战性和刺激性的危险事物时就会有所控制。（4）家园合作，实现自主入园。在幼儿园一日生活中，老师会培养幼儿如厕、独自穿脱裤子，收拾玩具，自主进餐等，因此，需要家长让幼儿居家的时光也要培养自己的事情自己做，独立生活习惯的养成是实现幼儿自主入园的前提条件。

三、结束部分

教研总结：

1.通过理论学习和研讨，我们对如何开展晨间自主游戏的策略有了更进一步的了解，我们知道需要从家长、幼儿、园所和教师四个方面进行挖掘。

2.在案例分享过程中，老师们积极分享了自己在晨间入园过程中的经验和遇到的问题，通过讨论和分析，我们找到了很多教育策略和方法，如教师为幼儿设置有趣的签到方法、沿路的小情景、加强与家长沟通合作、与幼儿建立亲密关系等。

▶ 教研反思

（一）本次教研活动的优点

1.本次教研活动的组织与实施，整体流程比较流畅，大家能积极参与讨论，并分享自己的经验和看法。

2.在研讨过程中大家畅所欲言，提出很多富有创意的建议和想法，也共同总结出一些实用有效的策略。

（二）本次教研活动存在的问题

1.教师对晨间自主入园的相关理论、实践经验不足，在一定程度上影响讨论的深度和广度。

2.在研讨过程中虽然涉及到多个方面，但是讨论得不够深入，有些问题浅尝辄止，没有进行深入分析。例如，自主入园过程中如何更好地平衡幼儿的安全与自主性，如何更有效地与家长沟通合作等，都需要进一步深入讨论和研究。

（北京市怀柔区渤海镇中心幼儿园　闫冬雪）

微信扫码
- AI 教学助手
- 内容图谱
- 知识图卡
- 保育笔记

第六章
基于家园共育的园本教研实例

如何通过"家长助教"解决家长对幼儿绘画表征的认知困惑
——以中班果果的作品为例

视频二维码

▶ 教研时间

××××年××月××日。

▶ 教研目的

通过家长助教活动，让家长观察并参与幼儿的绘画过程，了解幼儿的创作思路，感受幼儿的创作乐趣，从而增强亲子关系，促进幼儿自我表达和理解。

▶ 教研内容

通过观摩讨论美术作品，引导教师讨论如何通过"家长助教"活动形式解决家长对幼儿绘画表征的认知困惑。

▶ 教研模式

情境式教研、会场式教研。

▶ 教研准备

1. 教师现场扮演家长助教示范，其余教师记录、观摩。

2. 准备好的教研会场。

3. 教师帮助家长理解幼儿绘画作品方法。

▶ **教研背景**

通过观摩果果家长对果果绘画能力的困惑，担心他是否存在某种认知障碍，希望了解果果绘画表征背后的真正含义，共同探讨问题的原因和解决方案。

▶ **教研过程**

一、开始部分

主持人介绍活动内容与要求：今天教研活动主题是如何提升"家长助教"的效果——以果果家长怀疑果果绘画能力问题为例。我们先来观摩翟老师和果果家长的谈话场景，然后，围绕幼儿作品、家长对绘画表征的认知困惑，针对如何解决家长的认知困惑问题进行交流讨论，请教师积极发言并阐述自己的办法。

二、基本部分

（一）集体观摩，情景再现，教师自我反思

（二）引导全体教师对如何解决家长的认知困惑问题进行交流讨论

预期回答：（1）通过举办家长美术讲座活动，提高家长对幼儿美术教育的认识和理解；（2）教师可以传授家长一些具体的评价方法和技巧，鼓励家长用积极、具体的语言来评价幼儿的作品；（3）每个幼儿的发展速度和创作风格都是不同的，家长和教师应该尊重并关注这些个体差异。

（三）回顾上次教研活动，教师通过教研，分享解决家长认知困惑的相关经验与方法

预期回答：（1）建立有效沟通：教师应主动与家长建立稳定的沟通，可以通过定期家长会、家长微信群、电话沟通等方式实现。（2）提供专业知识：为家长解答关于孩子绘画过程中的各种问题，教师给出专业的建议和指导。（3）保持耐心和同理心：在面对家长的困惑时，教师应保持耐心和同理心，尝试从家长的角度去理解他们的困惑。同时，以积极、耐心的态度为家长解答问题，帮助他们消除困惑。（4）组织家长活动：教师可以组织一些交流活动，互相交流、分享经验。

（四）观摩本次教学活动后的研讨互动

1.讨论：如何促进家长助教的持续进行，形成家园共育的平等互信关系？

小结：整理教师发言，总结相关的约谈工作经验。

（1）明确家长助教的重要性：幼儿园需要向家长明确助教活动的重要性和价值，强调家长参与教育对孩子全面发展的影响，从而提升家长的参与意愿。（2）搭建良好的沟通平台：建立家长与幼儿园之间的有效沟通渠道，如定期召开家长会、设立家长信箱、利用社交媒体平台等，让家长能够随时了解幼儿园的教育动态，同时能向幼儿园反馈意见和建议。（3）制订合理的家长助教计划：幼儿园应根据家长的认知困惑，制订合理的家长助教计划，让家长能够参与教育活动。（4）给予家长充分的支持：幼儿园应为家长提供必要的支持，如提供助教材料、介绍教学方法等，帮助家长更好地参与助教活动。（5）建立评价和反馈机制：幼儿园应建立家长助教活动的评价和反馈机制，让家长和教师都能够了解助教活动的效果和不足之处，从而及时调整和改进。

2.分析讨论：翟老师在本次家长助教中运用了哪些方法？这些方法的运用实现了哪些教育目标？

3.分析讨论：说一说翟老师本次家长助教中，在目标制定与约谈过程中，有哪些优点与不足？

4.反思讨论：如果请你结合果果家长的认知困惑问题再次进行家长助教活动，你会利用哪些方法与经验进行提升？主要的技巧和方法会怎样预设？

小结：（1）倾听家长的认知困惑，并与家长共同寻找解决方法。（2）清晰传达教育理念：向家长清晰地传达幼儿园的教育理念、教学方法，通过举办家长讲座、提供教育资料或组织教育研讨会等方式，让家长理解孩子的学习方式和成长过程。（3）提供个性化指导：每个家庭和孩子的情况都是独特的，教师可以根据家长的需求和困惑，提供个性化指导。（4）建立家园共育机制：幼儿园可以与家长共同建立家园共育机制，让家长更多地参与到孩子的教育过程中。

三、结束部分

教研总结：

1.鼓励教研过程中积极发言的教师，汇总教师们的优秀经验，整理和分析教师们现阶段存在的问题和困惑。

2.根据教师们的问题和困惑制订教研计划，采取有效措施，助力教师在日常工作实践中更好地运用《指南》。

▶ 教研反思

（一）本次教研活动的优点

1. 根据本次家长助教的问题进行教研，有明确的教研目标和解决方法。

2. 选择的认知困惑来自上一次家长助教活动的难点。

3. 全体教师在教研前充分搜集相关资料并进行了备课。

（二）本次教研活动存在的问题

1. 教师对家长助教的认知困惑问题需要细化。

2. 教师之间需要多教研、多交流分享经验。

3. 教师应该充分利用各种教育资源和活动形式，增进家长对幼儿教育的理解和支持。

（石家庄市第一幼儿园　翟翠玮）

如何提升"家长约谈"的效果
——以阳阳频繁出现行为问题为例

视频二维码

▶ **教研时间**

××××年××月××日。

▶ **教研目的**

借助家长约谈这种互动形式，让家长定期与教师面对面交流，了解孩子在幼儿园的情况，并针对孩子的个性化需求提供一段时期内的教育方法。

▶ **教研内容**

通过观摩讨论案例，引导教师讨论如何通过"家长约谈"，更好获得家长支持与解决幼儿行为问题的最佳效果。

▶ **教研模式**

情境式教研、会场式教研。

▶ **教研准备**

1. 教师现场进行家长约谈示范，其余教师记录、观摩。

2. 准备好的教研会场。

3. 老师在家长约谈中的技巧与方法。

▶ **教研背景**

通过观摩家长与教师之间的约谈视频，发现阳阳自入园以来，表现出较强的好奇心，但近期却频繁出现行为问题，如打人、抢夺玩具等，和家长约谈过程中，解决提升教育问题的解决方案和效果。

▶ **教研过程**

一、开始部分

今天的教研活动主题是如何提升"家长约谈"的效果——以阳阳频繁出现行为问题为例。我们先来观摩李老师和家长的约谈场景再现，围绕约谈目标、约谈内容、约谈过程中针对如何解决阳阳的行为问题，如何运用约谈技巧解决问题进行交流讨论，请教师积极发言并讲述自己的约谈经验。

二、基本部分

（一）集体观摩情景再现，约谈教师自我反思

（二）引导全体老师对如何提升约谈技巧来取得家长的认可与配

合进行讨论

预期回答：（1）加强家园沟通，让家长了解孩子在幼儿园的表现，同时教师也向家长传授一些教育孩子的方法和技巧；（2）组织一些亲子活动和集体活动，让阳阳在与其他孩子的互动中学会分享和合作；（3）鼓励阳阳在遇到问题时主动寻求帮助，学会用语言表达自己的需求。

（三）回顾上次教研活动，教师通过教研，分享约谈工作的相关经验与方法

预期回答：（1）明确约谈目标：约谈开始前，教师应清晰设定目标。（2）选择合适的时间和地点：约谈的时间和地点应便于家长参与，避免在家长忙碌或不便的时间进行。（3）准备详细资料：教师应提前准备好孩子的成长记录、观察报告等，以便在约谈中展示孩子的表现，与家长进行深入探讨。（4）建立良好的沟通氛围：约谈应以友好、开放的方式进行，教师应主动倾听家长的想法，给予积极的反馈。（5）倾听家长意见：约谈不仅是教师传达信息的机会，

也是了解家长想法和期望的重要渠道。教师应给予家长充分的发言空间，倾听他们的意见和建议。

（四）观摩本次约谈活动后的研讨互动

1.讨论：如何促进约谈的持续深入，形成家园共育的良性循环？

小结：梳理教师发言，总结相关的约谈工作经验。

（1）建立有效的沟通渠道：幼儿园应该通过多种途径和家长进行沟通，如定期举行家长会、发送电子通讯、建立家长微信群等，让家长能够及时了解孩子在幼儿园的情况，同时能让幼儿园了解孩子在家庭中的表现。（2）倡导开放包容的态度：在约谈过程中，幼儿园应该保持开放和包容的态度，尊重家长的意见和建议，愿意听取家长的反馈，并根据反馈进行调整和改进。（3）重视个性化沟通：每个孩子都有自己的特点和需求，幼儿园在约谈时应该重视个性化沟通，针对每个孩子的不同情况，提供具体的建议和解决方案，让家长感受到幼儿园的关心和专业性。（4）定期举行约谈：幼儿园可以定期安排与家长的约谈，让家长有机会深入了解孩子在幼儿园的学习和生活情况，同时能让幼儿园了解孩子在家庭中的情况，以便更好地促进家园共育。（5）加强家园互动：幼儿园可以组织各种亲子活动，让家长和孩子一起参与，增强家园之间的联系和互动。同时，可以通过这些活动，让家长更好地了解幼儿园的教育理念和活动方式，促进家园共育的良性循环。

2.分析讨论：李老师这次约谈中运用了哪些方法？这些方法的运用实现了哪些目标？

3.分析讨论：说一说李老师本次约谈中，在目标制定与约谈过程中有哪些闪光点与不足？

4.反思讨论：如果请你结合阳阳的行为问题再次进行家长约谈活动，你会如何利用技巧与方法提升约谈效果？主要的技巧和方法会怎样预设？

小结：（1）为提高家长约谈效果，教师应明确约谈目的，确定约谈交流的针对性；选择合适时间，尽量不选择家长上班时间；提前准备好约谈所需要的资料，体现教师专业素养。（2）学会聆听家长意见，了解家长的真实想法；阐述沟通目标，确保家园达成共识；建立良好的互信关系，增强家长的信任及合作意愿；教师与家长沟通并提供专业建议，帮助家长解决育儿难题。（3）及时跟进约谈的效果，形成家园共育的良性循环。

三、结束部分

教研总结：

1.积极肯定教研中积极发言的教师，梳理、记录教师们的约谈经验与方法，搜集和分析教师们现阶段存在的问题和困惑。

2.围绕教师们的问题和困惑制订教研计划，采取有效措施，助力教师在日常工作实践中更好地运用《指南》。

▶ 教研反思

（一）本次教研活动的优点

1.教师能够根据本次约谈内容有条理地进行教研活动，有明确的教研目标和步骤。

2.选择的案例来自前一次约谈活动中教师的困惑和难点。

3.全体教师在教研"如何提高约谈效果"前充分搜集学习了资料并进行了讨论、备课。

（二）本次教研活动存在的问题

1.教师对如何提高家长约谈效果的技巧和方法仍然需要改进。

2.应加强年轻教师与老教师的交流，促进不同层次教师相互学习。

3.需要增强教研的趣味性，利用不同形式调动教师的积极性以及探究问题的兴趣。

（石家庄市第一幼儿园　李若帆）

如何通过家长学校促进家园共育

视频二维码

▶ 教研时间

×××× 年 ×× 月 ×× 日。

▶ 教研目的

本次教研旨在明确家长学校在家园共育中的角色和功能，分析当前家园共育的现状与问题，提出具体的策略和方法，以提高家园共育的实效性。

▶ 教研内容

1. 家长学校的定义、功能与作用。

2. 家园共育的理念、意义及现状。

3. 通过家长学校促进家园共育的策略与方法。

▶ 教研模式

情境式教研、会场式教研。

▶ 教研准备

1. 邀请具有丰富经验的教师和家长代表参与讨论。

2. 准备研讨工具，如电子屏、笔、纸等。

3. 收集并整理相关文献资料，包括家长学校、家园共育的理论基础和实践案例。

▶ **教研背景**

在当今社会，教育已不再是学校的独角戏，而是家庭、学校和社会共同参与的过程。家园共育作为一种教育理念，旨在通过家庭和学校的紧密合作，共同促进孩子的全面发展。家长学校作为连接家庭和学校的重要桥梁，其作用日益凸显。因此，本次教研将探讨如何通过家长学校有效促进家园共育。

▶ **教研过程**

一、开始部分

主持人介绍活动内容与要求：今天的教研活动主题是如何通过家长学校促进家园共育。我们会围绕家长学校的角色与功能、家园共育的现状与问题、策略与方法探讨三个问题来进行研讨交流，请大家在过程中做好记录和发言。

二、基本部分

（一）问题拆分

1. 家长学校的角色与功能

引导全体老师对家长学校在家园共育中应承担的角色进行讨论；分析家长学校在提供教育资源、培训家长、沟通信息等方面的功能。

预期回答：（1）家长学校是家长与教师之间沟通的桥梁，通过定期的会议和活动，促进双方之间的理解和合作。（2）家长学校提供了教育资源的集中地，为家长提供了专业的育儿知识和技能培训，帮助他们更好地支持孩子的学习和发展。（3）家长学校还承担着信息沟通的功能，确保家长能够及时了解幼儿园的教育动态和孩子的发展情况，从而与园所形成教育合力。

2. 家园共育的现状与问题

引导全体老师对家园共育的成功案例进行分享；识别当前家园共育中存在的问题，如沟通不畅、资源不均等。

预期回答：（1）家园共育在实践中取得了一定的成果，如家长志愿者参与学校活动、家长与教师共同制订教育计划等。（2）沟通不畅是一个普遍现象，家长和学校之间缺乏有效的信息交流渠道。（3）教育资源的分配也不尽均衡，部分班级的家长学校成员缺失的问题。

3. 策略与方法探讨

引导全体老师展开小组讨论如何通过家长学校改善家园沟通，提出具体策略；研讨如何利用家长学校资源丰富教育内容和方法；设计家长参与学校教育的有效途径和激励机制。

预期回答：（1）建立定期的家校沟通机制，如家长会、家长信箱等，确保双方能够及时交流信息。（2）开展家长教育培训活动，提高家长的育儿能力和参与教育的意识。（3）组织亲子活动等方式，增进家长与孩子、家长与学校之间的感情。（4）家长学校可以与社区、企业等合作，引进更多的教育资源，为幼儿提供丰富多样的学习体验。（5）通过设立家长委员会、家长荣誉榜、优秀家长奖等激励机制，鼓励家长积极参与孩子的教育过程。

（二）汇总与分享

反思讨论：各小组代表汇报讨论成果；专家对讨论内容进行点评和补充。

小结：通过本次讨论，我们深入探讨了家长学校在家园共育中的角色与功能、现状与问题以及策略与方法。家长学校作为家园共育的重要平台，其作用和价值不容忽视。同时，我们看到了当前家园共育中存在的问题和挑战。但只要我们积极探索、勇于实践，相信我们一定能够找到更加有效的解决策略和方法，推动家园共育的深入发展。

三、结束部分

教研总结：

1. 主持人总结本次教研的主要观点和收获。

2. 提出后续行动计划，包括制定具体的实施方案、试点推广等。

▶ 教研反思

本次教研通过深入讨论和交流，对如何通过家长学校促进家园共育有了更清晰的认识。教师们普遍认为，家长学校作为家园合作的重要平台，应充分发挥其在资源整合、信息沟通和家长培训等方面的作用。同时，认识到在实践中仍存在诸多挑战，例如，如何确保家长的参与度、如何提高合作效果等。因此，未来的工作应着重于将这些策略和方法转化为具体的行动计划，并在实践中不断调整和完善，以真正实现家园共育的目标。

（石家庄市桥西区瑞特幼儿园　赵博茹）

微信扫码

- AI 教学助手
- 内容图谱
- 知识图卡
- 保育笔记

如何通过"主题汇报"解决家长对游戏与学习的认知困惑
——以大班"室外运动会"为例

视频二维码

▶ 教研时间

××××年××月××日。

▶ 教研目的

结合大班幼儿发展特点和健康领域发展目标，通过"主题汇报"解决家长对游戏与学习的认知困惑。

▶ 教研内容

通过观摩大班室外运动会主题活动，引导教师讨论目标制定的合理性。引导教师讨论游戏与学习之间的相互关系，并如何解决家长的困惑。

▶ 教研模式

游戏式教研、沙龙式教研。

▶ 教研准备

1. 室外运动会的开展，教师记录、观摩。

2. 准备教研会场。

3. 教师对游戏与学习之间的关系有理解与运用。

▶ 教研背景

经过"室外运动会"活动后，教师发现有些家长对游戏中幼儿的学习有些困惑，我们通过在集中教研时"共同解读同一视频"，引导教师围绕在视频中看到了幼儿有哪些学习行为表现的问题，初步尝试去发现游戏中幼儿的学习。这样的"问题支架"能让教师把游戏视频中看到的具体的幼儿游戏行为与《指南》中的典型行为表现相对应，帮助教师搭建有利于发现幼儿如何在游戏中学习的支架。将对如何通过"主题汇报"解决家长对游戏与学习的认知困惑来进行研讨。

▶ 教研过程

一、开始部分

主持人介绍本次活动的内容：今天教研活动的主题是如何通过"主题汇报"解决家长对游戏与学习的认知困惑。首先观摩"大班室外运动会"汇报视频，然后，围绕《指南》和教学过程中发现幼儿如何在游戏中搭建学习的支架进行研讨，请大家做好记录。

二、基本部分

（一）教学现场集体观课，授课教师自我反思

（二）引导全体教师对游戏与学习之间的关系进行讨论

预期回答：（1）游戏不仅是幼儿发展的需要，也是幼儿发展的体现；（2）幼儿现阶段的学习依赖的是动作、情境和亲身体验；（3）游戏中的学习具有未来效应，幼儿在游戏中获得的大量零零散散的感性经验，正是今后学科学习的基础；（4）幼儿在游戏中进行学习以及学会学习。

（三）思考家长对于游戏与学习有哪些困惑

预期回答：（1）游戏是儿童的天性，这一天性中蕴含着生长的需要和生长的内动力。对儿童来说，其生理、心理还在不断成熟过程中，当身体和心理要发展什么的时候，其身体机能就会自动地发挥作用，自发地使用它。例如，孩子之所以行走时喜欢奔跑、喜欢走窄窄的街沿边缘，喜欢跨跳路上的障碍物，喜欢向远处扔投小东西……其实，幼儿游戏的这种自发性特点表明，这正是孩子发展动作、发展平衡、发展肢体协调性等的需要，这也就是为什么儿童天性好动的原因，如果我们给他们合适的空间、时间、玩具材料去游戏，那么他们就会得到发展上的最大满足。（2）幼儿"学习"依赖的是动作、情景及亲身体验，这是他们的思维特点决定的，因为他们还处于直观的动作思维和具体形象思维的阶段。而游戏的情境性、直观性、操作性特点与幼儿的思维特点相吻合，所以游戏对幼儿来说是一种适宜的学习方式。（3）在我们主题汇报时会通过调查问卷、讲解、图表、家长会等形式向家长们总结梳理了在主题中学了什么、做了什么、培养了孩子的哪些能力，让家长了解幼儿的思维正处于直观动作和具体形象阶段。例如，主题汇报"室外运动会"——小勇士大闯关中，幼儿从起点摆放圈与垫子之间的距离的时候，不是近就是远，同时每组总摆不整齐，于是妮妮用丈量棍进行丈量将其位置找齐。通过在真实情境中操作和体验，幼儿找到了合适的问题解决方法。从而留下更深刻、更持久的印象。

（四）观摩后的研讨互动

讨论：结合自己的教学经验，谈一谈在"主题汇报"中游戏与学习如何体现。

小结：汇总教师发言，梳理相关问题的经验。（1）通过个性化"会议"，引发幼儿对运动会的畅想，支持他们参与跟自己有关的决策。（2）在设计运动会项目时，幼儿运用自己想到的多维方式进行调查和整理，并运用图符表征的方式呈现了调查的成果并和同伴分享。（3）通过"怎样的项目才是适合我们的项目？"小型辩论会，幼儿通过投票选出了比赛项目。（4）在比赛过程中，幼儿自制运动器械并担任工作人员的运动会开始。

三、结束部分

教研总结：

1.鼓励教研过程中积极发言的教师，将教师们的经验提升记录下来，搜集和分析教师们现阶段存在的问题和困惑。

2.根据教师们的困惑、问题制订教研计划，采取有效措施，有助于教师在日常工作实践中更好地运用《指南》。

▶ 教研反思

（一）本次教研活动的优点

1. 结合主题制订教研计划，教研目标和步骤更明确。

2. 教师们讨论选择问题来解决上一次教研活动中的困惑和难点。

3. 在活动前教师们充分挖掘了相关学习资源并进行了思考。

（二）本次教研活动存在的问题

1. 仍然需加强对问题研究的细化和拆分。

2. 不同层次教研水平的教师应将已有经验和实践经验充分调动。

（石家庄市第一幼儿园　冯少帆）

微信扫码

● AI 教学助手
● 内容图谱
● 知识图卡
● 保育笔记

如何开好新生第一次家长会

▶ 教研时间

××××年××月××日。

▶ 教研目的

拓宽教师思路，创新形式内容，从家长需求出发，使家长会更具有深度的沟通性，缓解家长焦虑情绪，取得家长信任与配合。

▶ 教研内容

引导教师讨论第一次新生家长会的内容、环节和形式等问题，使家长对幼儿园教育有全面清晰的认识，进而更好的支持幼儿园工作。

▶ 教研模式

会场式教研、分享式教研。

▶ 教研准备

1. 设计问卷，调查了解教师对第一次家长会的困惑和问题。

2. 准备好的教研会场、笔和纸张。

3. 三位老班长准备分享稿和 PPT。

▶ 教研背景

小班是幼儿从家庭走向社会的第一步，由于环境、教养方式的不同，无论是孩子还是家长都会出现分离焦虑的情况，甚至有时家长的焦虑会超过幼儿，也会影响幼儿。因此，帮助家长树立正确的认识，新生第一次家长会就尤为重要，本次教研就针对如何开好第一次家长会进行研讨。

▶ 教研过程

一、开始部分

主持人介绍活动内容与要求：今天的教研活动主题是如何开好新生第一次家长会。研讨前，针对教师的困惑问题进行了收集和整理，主要集中在如何设计家长会的形式、内容、环节等内容，接下来，咱们逐一进行研讨。

二、基本部分

（一）问题导入，明确目标

说一说开好第一次家长会的重要性，使教师能够切实站在园、家双重立场思考问题并实践，提升家园共育理念，积累教育经验。

（二）聚焦核心，分析研讨

1. 家长会可以采用哪些形式呢？

预期回答：（1）可以全园召开，介绍园所整体情况；（2）园长上开学第一课，更有力度；（3）以班级形式召开；（4）分组式交流，三位老师分别进行对话；（5）体验式、主题式、互助式方法；（6）利用线上方式进行沟通；（7）亲子游园方式等。

2. 小班新生家长会应该包括哪些内容呢？（教师分组讨论，利用思维导图的方式呈现）

预期表现：（1）园所介绍，包括人员配置、文化环境、课程情况等；（2）班级情况介绍；（3）幼儿一日生活介绍；（4）小班阶段培养重点（教育和保育）；（5）家园共育内容；（6）减缓分离焦虑方法等。

3. 家长会可以设计哪几个环节呢？

教师根据以往的经验进行讨论。

预期回答：（1）准备温馨的环境；（2）可以提前和家长建立联系，创建班级微信群；（3）通过多种方式了解、认识孩子；（4）结合班级幼儿实际情况和家长需求设计会议内容；（5）准备亲子小游戏等。

小结：开好第一次家长会，需要从三个维度去考虑和准备。活动前：邀请家长、环境布置、录制视频、准备会议内容等内容。活动中：介绍班级情况、教育教学、保育工作、家园配合、缓解分离焦虑等方面的内容，并选择适宜的方式。活动后：注意家长的反馈与追踪，随时了解家长的动态，并及时反馈幼儿在园的生活、学习情况。

（三）梳理问题，总结重点

反思研讨：开好第一次家长会，我们应该注意哪些问题？

预期回答：（1）会前准备很重要；（2）会中设计很重要，不要"一言堂"，要采用多种方式让家长有感悟；（3）要及时倾听；（4）及时反馈信息；（5）结合以往经验勤沟通，打消家长顾虑等。

（四）以老带新，经验共享

请三位小班经验丰富的班长进行案例分享。

三、结束部分

教研总结：

1.本次教研活动，大家都能带着问题认真思考，大胆发言，同时，能够创造性地解决现阶段存在的困惑和问题。

2.通过老班长的介绍，及时帮助新教师丰富经验，认真思考并制定适宜本班的家长会内容。

▶▶教研反思

（一）本次教研活动的优点

1.教研时机把握很精准，能够结合园所教师的实际困惑和需求设计活动内容。

2.活动前，进行深入调查了解，研讨时能够聚焦问题。

3.充分发挥传帮带的作用，把好经验进行共享，为教师新经验的建构奠定基础。

（二）本次教研活动存在的问题

1.对教研经验的梳理要系统有效，及时捕捉下一次活动内容。

2.教研方式有待拓展，结合不同教师的需求，增加参与度。

（北京市怀柔区第三幼儿园　陈慧）

如何组织多种形式"亲子活动"形成家园合力

▶ **教研时间**

××××年××月××日。

▶ **教研目的**

拓展教师在家园共育方面的工作思路，丰富"亲子活动"形式和内容，拉近家园关系，形成家园教育合力。

▶ **教研内容**

引领教师讨论"亲子活动"的内容和形式等问题，增加家园互动的深度和广度，切实形成家园教育合力，助力幼儿全面发展。

▶ **教研模式**

小组式教研、会场式教研。

▶ **教研背景**

《评估指南》中指出，家长有机会体验幼儿园生活，参与幼儿园管理，引领家长正确理解教师工作对幼儿成长的价值，尊重教师，支持园所工作，成为幼儿园重要的合作伙伴。"亲子活动"是实现这些目标的有效途径。因此，幼儿园可以利用多个节点，多种形式设计开展活动，针对如何增强"亲子活动"的实效性展开讨论。

▶ 教研过程

一、开始部分

主持人介绍活动内容与要求：今天的教研活动主题是如何开展多种形式的"亲子活动"，形成家园合力。以往我们开展了很多的"亲子活动"，家长参与度参差不齐。今天，我们聚焦哪些"亲子活动"内容和形式更受家长喜欢，如何组织才能够切实发挥出家园共育目标的问题进行分析研讨。

二、基本部分

（一）厘清概念，明确重点

预设问题：你认为什么是"亲子活动"？目的是什么？

预期回答：（1）家长和幼儿共同参与的；（2）所有能够增进亲子关系的活动；（3）家长来园参与的活动；（4）家长能够了解幼儿在园的生活和学习等。

小结：幼儿园"亲子活动"是指由教师组织家长和孩子共同参与的活动，它是一种有助于增进教师与家长、家长与儿童情感交流、加强教师与家长对儿童的共同了解以进一步提高教育效益的活动形式。

预设问题：以往我们开展过什么样的"亲子活动"？你认为效

果怎么样？什么样的活动才受家长欢迎呢？

预期回答：（1）亲子运动会；（2）"六一"文艺汇演和游园会；（3）亲子徒步大会；（4）菊花节游园活动；（5）能参与体验的活动家长比较喜欢；（6）家长旁观的活动兴趣不大。

（二）分组研讨，深化策略

主持人：以往我们一般会结合节日节气、文化环境、主题活动、课程建设等开展"亲子活动"，接下来，我们自由结成三组，结合这些类别中的实际案例，说一说我们在组织过程中，应该设置哪些环节和内容，提升家长的参与和认可度呢？——以幼儿园"春日读书会""亲子运动会""大班幼小衔接开放活动"为例，分组研讨，交流经验。

第一组：春日读书会。

预期表现：（1）发放活动通知，提前向家长宣传此次活动的目的；（2）设计家长邀请函和签到板；（3）征集家长志愿者，如会讲故事、会唱歌表演、参与摄影等；（4）注重活动后信息反馈。

第二组：亲子运动会。

预期表现：（1）发挥家委会作用，共同筹备计划；（2）征集家长志愿者，参与体操展示、裁判员等活动；（3）结合各年龄班特点设计亲子项目；（4）设计家长体验、比赛项目等。

第三组：大班幼小衔接开放活动。

预期表现：（1）集体备课，准备材料；（2）设计家长参与的小游戏；（3）向家长解读幼儿发展目标。

（三）总结提升，凝聚共识

小结：通过大家的研讨，提炼出在设计和组织"亲子活动"时，一定要提前了解家长需求，多征求家长的建议，利用参与式、互动式、开放式、菜单式等多种途径，如可以提前公示"亲子活动"时间、地点和内容，供家长自主选择，鼓励家长深度参与。初步总结出六项原则：计划性原则、目标性原则、参与性原则、适宜性原则、互动性原则、开放性原则。

三、结束部分

教研总结：

1.通过教研活动，更新教师对"亲子活动"的认识，是教师和家长、幼儿和家长的相互连接，建立彼此信任的重要途径。

2.拓展了教师的工作思路，"亲子活动"除了园所组织外，班级可以根据实际情况制定内容，满足不同层次家长需求。

▶ 教研反思

（一）本次教研活动的优点

1.结合幼儿园教育教学工作部署统筹安排研讨活动，设计清晰的教研目标和环节。

2.把常态化活动作为研究问题的核心，提升了教师研究的意识和能力。

3.以"案例分析"的方式研讨，聚焦现场切实引发教师研究共鸣。

（二）本次教研活动存在的问题

1.缺少引发教师思维碰撞的问题，在研究深度方面有待加强。

2.未能及时梳理研究成果，形成可以借鉴的优质经验。

（北京市怀柔区第三幼儿园　陈慧）

微信扫码
● AI 教学助手
● 内容图谱
● 知识图卡
● 保育笔记

附录：评估量表

参考文献

[1] 莫源秋 . 幼儿园教研活动设计与实施 [M]. 北京：中国轻工业出版社，2014.

[2] 邹尚智 . 校本教研指导 [M]. 北京：首都师范大学出版社，2010.

[3] 刘旭东 . 园本教研的策略与方法 [M]. 重庆：重庆出版社，2008.

[4] 黄源秋 . 幼儿园教育研究新探 [M]. 南宁：广西人民出版社，2007.

[5] 万迪人 . 现代幼儿教师素养新论 [M]. 南京：南京师范大学出版社，2002.